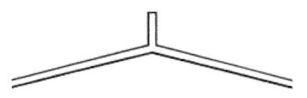

아이와 함께 읽고 성장하는
일 년 열두 달 가정 독서

아이와 함께 읽고 성장하는
일 년 열두 달 가정 독서

초판1쇄 발행 2024년 1월 22일

지은이 박미향

펴낸이/ 우지연　　　편집/ 송희진　　디자인/ 김선희　샘물
마케팅/ 스티븐jh　　경영/ 박봉순　강운자
펴낸곳/ 한사람　　　등록번호 제2020-000022호
등록일자 2020년 1월 30일　　　　　주소 경기도 남양주시 다산지금로 202
홈페이지 https://hansarambook.modoo.at
블로그 https://blog.naver.com/pleasure20
ISBN 979-11-92451-28-2 (03230)

ⓒ 저자와의 협약으로 인지는 생략했습니다.
이 책의 저작권은 저자와 독점계약한 한사람 출판사에 있습니다.
무단전재와 무단복제를 금합니다.
잘못 만들어진 책은 구입하신 서점에서 바꿔드립니다.

아이와 함께 읽고 성장하는

일 년 열두 달
가정 독서

한시람

이 책의 특징

1. 월별로 소개되는 책들과 가정 독서를 위한 매뉴얼을 따라 읽으면 1년 12달 동안 72권의 책을 읽을 수 있습니다.
2. 아이 수준에 맞춘 그림책과 고전책을 저학년, 고학년, 부모용으로 나누었습니다.
3. 독서교육 전문가가 발달과 정서에 맞는 책들을 선별했습니다.
4. 다독 보다는 정독으로 온전히 읽을 수 있도록 돕는 질문들이 있습니다.
5. 책읽는 가정 문화를 만들기 위해 처음 시작하는 가정을 위해 글이 쓰였습니다.
6. 학부모 모임이나 교사 모임에 유용한 자료들로 구성했습니다.
7. 72권의 책 외에도 추천도서와 키워드로 정리한 도서들을 만날 수 있습니다.

이 책의 활용법

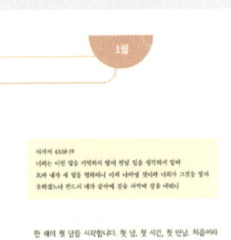

1. 새로운 달이 시작할 때마다 **중심말씀**과 함께 이번 달 주제를 여는 글이 제공되고 있습니다.

2. **저학년**에게 나눌 그림책을 2권 제공하며, 기본 스토리에 대한 이해를 돕는 글이 나와 있습니다.

3. 그림책에 따라 부모(교사)와 함께 나눌 수 있는 **질문들**을 제공하고 있으며, 태그를 보면 핵심단어를 파악할 수 있습니다.

4. 4학년 이상의 **고학년** 아이들이 볼 수 있는 그림책을 선정해서 제공하고 있습니다. 형식은 저학년과 동일합니다.

이 책의 활용법

5. 그림책 외에 매달 2권의 **인문학**적인 내용을 담고 있는 책을 소개하고 있습니다.

6. 매달 **부모용** 코너를 통해 부모를 위한 그림책을 추천하고 있습니다. 그림책을 읽으며 부모됨의 의미에 대해 생각할 수 있습니다.

7. 그림책이 있으나 집에서 아이와 어떻게 대화해야 할 지 모르는 부모를 위해 **가정독서모임**을 시작할 수 있는 방법을 제시하고 있습니다.

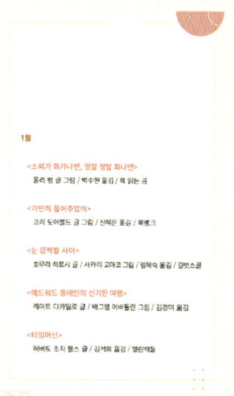

8. 제시한 그림책 외에도 **함께 읽으면 좋을 책들**을 엄선해서 제공하고 있습니다.

이 책의 특징 / 5

이 책의 활용법 / 6-9

프롤로그 (적기 독서 불편 독서 음독 독서에 관하여) / 17

1월 - 새해가 시작되었어요!   23

[저학년] 바람이 멈출 때 / 25   기분을 말해봐 / 27

[고학년] 헝겊 토끼의 눈물 / 29   모모 / 31

[부모]   날고 싶지 않은 독수리 / 34

         갈매기에게 나는 법을 가르쳐준 고양이 / 36

2월 - 무섭지만 괜찮아요!   39

[저학년] 블랙독 / 41   숲속에서 / 43

         나는 강물처럼 말해요 / 45

[고학년] 꽃들에게 희망을 / 47   깡통소년 / 49

[부모]   메두사 엄마 / 52

3월 - 우리는 다 달라요!   55

[저학년] 사랑한다는걸 어떻게 알까요? / 57

         다다다 다른별 학교 / 59

         친절은 우리를 강하게 해요 / 61

[고학년] 나니아1 – 마법사의 조카 / 63   비밀의 화원 / 65

[부모]   피노키오의 모험 / 68

4월 - 믿을 수 없어요! (73)

- [저학년] 감기 걸린 물고기 / 75   다리 / 77
  숲의 시간 / 79
- [고학년] 나니아2 - 사자와 마녀와 옷장 / 81
  빨간 머리 앤 / 83
- [부모] 하이디 / 86

5월 - 사랑합니다! 고맙습니다! (91)

- [저학년] 고함쟁이 엄마 / 93   소중한 주주브 / 95
  고맙습니다 선생님 / 97
- [고학년] 나니아3 - 말과 소년 / 99
  보물을 찾는 아이들 / 101
- [부모] 창가의 토토 / 104

6월 - 문제가 생겼어요! (109)

- [저학년] 로쿠베, 조금만 기다려 / 111
  소쉬르, 몽블랑에 오르다 / 113   왜? / 115
- [고학년] 나니아4 - 캐스피언 왕자 / 117   안네의 일기 / 119
- [부모] 어머니의 감자 밭 / 122

7월 - 같이 놀아요! (125)

- [저학년] 검피 아저씨의 뱃놀이 / 127
  파도야 놀자 / 129   이야기 담요 / 131
- [고학년] 나니아5 - 새벽 출정호의 항해 / 133
  버드나무에 부는 바람 / 135
- [부모] 바다가 보고 싶었던 개구리 / 138

8월 - 기다리면 열매가 생겨요! 141

[저학년] 고래가 보고 싶거든 / 143

너는 활짝 피려고 기다리고 있어 / 145

미스 럼피우스 / 147

[고학년] 나니아6 - 은의자 / 149 사금파리 한 조각 / 151

[부모] 비움 / 154

9월 - 함께여서 행복해요! 157

[저학년] 할머니의 식탁 / 159 바다 우체부 아저씨 / 161

혼자도 좋지만 둘은 더 좋아 / 163

[고학년] 나니아7 - 마지막 전투 / 165

톰 아저씨의 오두막집 / 167

[부모] 마법의 가면 / 170

10월 - 다르게 보면 알 수 있어요! 173

[저학년] 좋은 순간에 / 175 안돼 삼총사 / 177

문제가 생겼어요 / 179

[고학년] 인형의 집 / 181 왕자와 거지 / 183

[부모] 작은 아씨들 / 186

11월 - 다르게 생각하면 해결할 수 있어요! 189

[저학년] 하지 않으면 어떨까? / 191 빨간 매미 / 193

⋯아나톨의 작은 냄비 / 195

[고학년] 80일간의 세계 일주 / 197 마지막 거인 / 199

[부모] 화씨 451 / 202

12월 - 크리스마스에 축복이 왔어요! 205

[저학년] 크리스마스 이야기 / 207

커다란 크리스마스트리가 있었는데 / 209

위대한 식탁 / 211

[고학년] 크리스마스 캐럴 / 213

크리스마스 선물 / 215

[부모] 바베트의 만찬 / 218

가정독서모임 매뉴얼 / 221

키워드로 보는 월별독서 / 226

함께 읽으면 좋은 책 / 232

프롤로그

프롤로그

 최근 문해력에 대한 여러 논의가 있습니다. 글을 읽고 쓰는 능력으로 이해했던 전통적인 해석에서 벗어나 정보를 선별하고 문제를 해결하고 통합하고 해결하는 능력이 필요하다고 생각하고 있습니다. 덕분에 가정에서도 아이들과 함께 책 읽기를 시작하려는 움직임이 많아지고 있습니다.

 가정 독서문화를 만들고자 하는 저로서는 정말 반가운 일입니다. 하지만 부모로서 어떤 책을 선택해서 어떻게 읽어주어야 할지 막연하기만 합니다. 가정 독서에 대한 매뉴얼은 구할 수 있는데 그 매뉴얼을 실행하기까지는 책에 대한 정보가 부족합니다. 우리 아이에게 맞는 책들이 어떤 책인지 알 수도 없고, 그렇다고 책들을 모두 사서 읽을 시간도 없습니다.

 현장에서 아이들과 책으로 만난 지 16년이 넘어가고 있습니다. 아이들과 함께 읽는 독서 로드맵을 만들면서 발달에 맞는 책을 읽어야 한다고 생각했습니다. 때에 맞는 책은 아이들을 건강하게 합니다. 또한 독서심리상담을 하면서 아픈 아이들을 대상으로 하는 치료 목적 독서보다 발달에 맞게 건강하게 자라도록 돕는 독서가 무엇보다 의미 있다는 것도 알게 되었습니다. 그 뒤로 저는 발달에 맞는 '적기 독서'를 교육철학으로 삼고 부모님들께도 추천하고 있습니다.

적기 독서

저학년(7세~9세) 아이들은 자기와 가족, 또래 친구들을 탐색하고 있습니다. 내가 누군지 우리 가족은 어떤지 알아가는 때입니다. 그리고 가족의 범위를 벗어나 또래 친구들이 생겨나고 친구들과의 관계도 배우게 됩니다. 그래서 이런 주제와 관련된 이야기들을 읽어야 합니다. 책을 통해 자기를 알아가고 가족과 또래를 만나고 관계하는 과정을 자연스럽게 접하고 경험할 수 있습니다.

이 시기의 아이들에게 책 읽는 행위는 놀이와 같습니다. "책은 재미있는 것이다."하고 생각할 수 있어야 합니다. 또한 책을 가까이하고 책을 통해 생각하고, 그러면서 생각을 표현하는 연습을 다양한 독후활동을 통해 할 수 있습니다. 책에 대한 즐거운 경험과 좋은 감정이 이때 쌓이면 고학년 이후에도 책을 읽어나갈 수 있는 근력이 생깁니다.

고학년(10세~12세) 아이들은 이제 좀 더 넓은 의미의 이웃에 대해 알아가고, 세상에 대해 알아갑니다. 한국사와 세계사도 배워 가면서 지리 역사 개념도 생겨 읽어낼 수 있는 책도 많아집니다. 이 시기의 아이들은 비판적 사고가 가능합니다. 이때 비판적 사고라는 것은 잘잘못을 따지는 부정적 판단을 의미하는 것이 아니라, 옳고 그름을 생각하고 판단하는 것을 말합니다. 책에 나오는 사건에 대한 생각이나 인물들의 생각이나 행동들에 대해 비판적으로 생각해 보는 것이 가능해집니다.

또한 책을 통해 세상을 보는 눈을 기를 수 있습니다. 사회적

이슈가 되는 책들도 이때 읽어내면서 확장된 사고가 가능해지게 됩니다. 그래서 책을 통해 질문 해보고, 생각해 보고 글로 생각을 표현해 보는 과정을 경험하고 성장해 볼 수 있습니다.

아이들이 이렇게 발달에 맞게 책을 읽어나갈 때 부모님도 같이 책을 읽을 수 있습니다. 책 선정에 대한 고민도 함께 해주고 아이만의 독서 로드맵을 가지고 책을 잘 읽어나가도록 페이스메이커(pacemaker)가 되어준다면 아이들도 어렵지 않게 책을 읽어갈 수 있는 숙련된 독서가가 될 수 있습니다. 그리고 책으로 대화하는 부모와 자식 관계가 되면 평생 좋은 독서 친구가 될 수 있습니다.

불편 독서

책을 읽을 때 온전하게 읽기 위해서는 여러 방법이 있겠지만 '질문'만큼 좋은 방법은 없습니다. 질문은 '글자만' 읽어가는 책 읽기를 '생각하는' 책 읽기로 바꾸고, 자신의 책으로 만들어 주는 역할을 합니다. 메타인지(metacognition)를 키우는 책 읽기는 바로 질문하며 읽기입니다. 질문을 위해 잠시 책을 덮기도 하고 천천히 읽어나가는 것이 불편할지도 모릅니다. 하지만 이런 불편한 독서를 통해 진짜 책을 만나게 되고, 생각은 깊어지고 넓어지게 됩니다.

이렇게 책을 읽으면서 나누는 질문은 답을 찾는 질문이기보다는 이야기를 나누기 위한 질문이 됩니다. 아이에게 질문을 하고, 기다려 주고, 아이들의 생각을 끝까지 경청해 주세요. 옳다고 생각하는 답과 해결책을 찾아 생각을 떠올려 보고 정리하면서 생각할 수 있는 힘이 생기는 시간입니다. 그래서 생각을 위한 질문이고, 대화를 위한 질문은 책을 온전하게 읽어내는 데 꼭 필요한 것입니다.

질문을 하고 생각을 나눌 때 두루뭉술하게 나눌 때가 많습니다. 질문은 "예", "아니오"로 대답할 수 있는 닫힌 질문보다는 다양한 의견을 나눌 수 있는 열린 질문이 좋습니다. 열린 질문을 하면 구체적인 대답이 나올 수 있습니다. 또한 대답을 듣고 "그렇구나!" 하고 인정하는 것도 좋지만, 아이의 대답을 부모가 메아리처럼 아이의 말을 반복하고 그 대답에 "왜 그렇게 생각했어?", "그러면 너라면 어떻게 했을까?", "언제 그렇게 느껴?" 하는 식의 관심과 진심을 담은 질문을 더해주면 대화는 더 깊어집니다. 이때도 아이의 대답을 재촉하거나 몰아가는 분위기가 아니라 기다려 주고 진심으로 듣고 싶어서 기다리는 자세를 보여주는 게 필요합니다. 이렇게 주고받는 대화 속에서 아이의 생각을 자연스럽게 알게 되고, 아이의 생각은 커지고 깊어지게 됩니다.

음독 독서

뇌과학자들의 연구결과를 보면 소리내서 읽는 음독 독서가 눈으로만 읽는 묵독 독서보다 이해력에 있어서 더 도움이 된다고 합니다. 꼭 이런 이유가 아니더라도 음독은 여러 유익이 있습니다. 그런데 음독 독서를 잘 하려면 책을 읽을 때 천천히 소리내어 읽어야 합니다. 저학년이 그림책을 읽을 때 글자는 부모님이 읽어주시고 아이들은 그림을 따라가면서 생각하고 반응하도록 해주시면 좋습니다. 그림책 내용을 설명하기보다는 텍스트에 충실하게 읽어주고, 아이가 그림을 보며 내용을 따라가게 도와주면 됩니다. 고학년도 마찬가지입니다. 자기 귀에 들릴 만큼 작은 소리로 읽으면 더 몰입하고 이해력을 높일 수 있습니다.

이렇게 적기 독서, 불편 독서에 맞춰 독서교육을 진행해 오면서 가정에서 부모님들과 아이들이 가정에서 일 년 열두 달 함께 책을 읽어낼 수 있다면 얼마나 좋을지 생각하고 있었습니다. 그리고 이런 고민의 결과로 이 책을 쓰게 되었습니다.

...

이 책은 일 년 열두 달 아이들과 함께 읽을 수 있는 책을 소개하고 있습니다. 월별로 선정된 책은 앞에서 설명한 것처럼, 적기 교육에 맞춰 저학년과 고학년을 대상으로 맞춤 선정했습니다. 또한 아이들의 발달과 시기에 맞춰 부모가 읽어야 할 책들도 함께 소개했습니다. 책을 선정한 이유와 의미 등이 나타나 있고, 책을 읽으면서 함께 나눌 수 있는 질문들도 제시하고 있습니다.

일 년 열두 달 가정에서 독서를 이어가면서 계절과 시간의 흐름도 생각하고 나누고, 나와 이웃, 세상을 이해하는 귀한 시간 되길 바랍니다. 더욱이 가정 안에 온전하게 독서문화가 자리 잡고, 함께 성장하는 가정이 되길 기대합니다.

서언유당의 공간 독서창고에서
박미향

1월

새해가 시작되었어요!

1월

> 이사야 43:18-19
> 너희는 이전 일을 기억하지 말며 옛날 일을 생각하지 말라
> 보라 내가 새 일을 행하리니 이제 나타낼 것이라 너희가 그것을 알지
> 못하겠느냐 반드시 내가 광야에 길을 사막에 강을 내리니

한 해의 첫 달을 시작합니다. 첫 달, 첫 시간, 첫 만남. 처음이라는 말이 많이 붙는 시간을 보내게 됩니다. 이런 시간에 대한 이야기를 나누기 좋은 달이 1월입니다. 그리고 성장하고 있는 아이들과 지금 이 시간 아이들이 가지는 자기 정체성을 점검해볼 좋은 때이기도 합니다. 그와 관련된 책들을 함께 읽고 이야기를 나눠봅시다.

[저학년]

📖 바람이 멈출 때

샬로트 졸로토 글 / 스테파노 비탈레 그림 / 김경연 옮김 / 풀빛

이 책은 시간과 관련된 책입니다. "왜 낮이 끝나야 하나요?" 하고 묻는 아이의 질문에 엄마는 낮이 끝나야 밤이 시작될 수 있다고 말합니다. 그렇게 이어지는 대화 속에서 시간과 계절, 자연 등 창조세계의 처음과 끝이 이야기되고 있습니다.

새해가 되면 여러 가지 계획을 세우고 새로운 일을 시작하기도 합니다. 이렇게 해가 바뀌고 시간이 흘러가는 게 당연하다고 생각할 수도 있고, 시간이 멈췄으면 하기도 합니다. 또 시간의 변화를 신기해하기도 할 것입니다. 시간과 관련된 그림책을 아이와 함께 읽어보며 이야기 나눠봅시다.

- ◆ 시간이 지나는 것을 어떻게 아나요?
- ◆ 새해가 된다는 것은 어떤 말일까요?
- ◆ 바람이 멈추고, 해가 지고, 해가 뜨고, 계절이 바뀌고 왜 이렇게 변하는 것일까요?
- ◆ 멈추었으면 하는 시간이나 계절이 있나요?
- ◆ 낮이 끝나면 해는 어디로 가는 것일까요?
- ◆ 어딘가 다른 곳에서 시작한다는 말은 무슨 뜻일까요?

📖 기분을 말해봐

앤서니 브라운 / 홍연미 옮김 / 웅진주니어

새해가 되면 만남이 많이 시작됩니다. 그런데 관계 가운데 가장 기본이 되고 중요한 것은 나를 잘 알고 그런 나를 잘 전달하는 것이라 할 수 있습니다. 나에 대한 것 중에 아이들이 어려워하는 일은 감정에 관한 것입니다. 내가 느끼는 감정이 어떤 것인지 어떻게 표현해야 할지 몰라 서툴게 반응하며 어려움을 겪기도 합니다. 이러한 감정에 대해 이야기 나눌 수 있는 그림책이 있습니다. 주인공은 자신의 감정이 느껴질 때를 장면마다 이야기하고 있습니다. 마지막에는 "너는 어떠니? 기분을 말해봐!" 하면서 이야기는 끝이 납니다.

주인공의 상황과 기분을 보며 나는 어떨 때 어떤 기분인지 생각해 볼 수 있습니다. 감정의 이유나 상황을 이야기하다 보면 아이들의 감정을 이해할 수 있고 또 그 감정을 표현해 기분을 나타내는 표정을 그려볼 수 있습니다. 화났을 때, 즐거울 때, 슬플 때 등의 다양한 표정을 그려보고 부모님은 어떨 때 그런 기분이 드는지,

아이는 어떨 때 기분이 드는지 같이 번갈아 가며 이야기할 수 있습니다. (단, 아이 때문에 화났을 때 등 아이와의 관계 속 부모님의 감정보다는 부모님도 동일하게 부모님의 관계 속에서 혹은 아이의 연령 때 느꼈던 감정을 이야기 해주시면 더 건강한 나눔이 됩니다.) 감정 자체는 나쁜 것이 아니고 마음의 상태인 것을 알게 해주세요.

◆ 아이의 이름은 무엇일까요?
◆ 어떨 때 나는 심심하다고 느끼나요?
◆ 어떨 때 나는 혼자라고 느끼나요?
◆ 화가 날 때 그 기분에 이름을 붙이면 뭐라고 할까요?
◆ 어떨 때 화나는 기분이 찾아오나요?
◆ 숨고 싶을 만큼 부끄러울 때는 언제인가요? 그럴 때 나는 어떻게 하고 싶나요?
◆ 지금 기분이 어떤지 그림책에 나오는 그림 중에서 골라서 설명해 보세요.
◆ 마음의 상태를 설명하는 감정의 단어들을 넣어서 이야기 나눠 보세요.

[고학년]

📖 헝겊 토끼의 눈물

마저리 윌리엄스 글 / 윌리엄 니콜슨 그림 / 김하루 옮김 / 북뱅크

어릴 때 크리스마스 선물로 받은 헝겊 토끼 인형이 있었습니다. 이 토끼는 말 인형에게 진짜가 되는 이야기를 듣게 됩니다. '진짜'가 되는 것이 무엇일까? 진짜가 되려면 어떻게 해야 할까? 토끼 인형이 진짜 토끼가 되어가는 이야기 속에서 진정한 내가 되어가는 과정을 생각해 볼 수 있습니다.

저학년에서 고학년에 올라갈수록, 사춘기에 접어들면서 아이들은 자신의 존재에 대해 고민하기 시작합니다. 그때 자신이 하나님이 신기하고 신비롭게 만들었고 하나님의 사랑받는 존재임을 알 수 있도록 격려하며 이야기를 나눠보세요. 부모님이 생각하는 답을 알려주기보다 답을 향해 길을 가도록 격려해 주고 응원하며 함께 이야기해 보세요. 아이의 생각도 끝까지 들어주시고 부모님의 생각도 들려주세요. 귀 기울여 주시는 것만으로도 아이는 사랑받는 존

재임을 알 수 있습니다.

- ◆ 크리스마스에 받은 선물 중에 기억에 남는 선물은 어떤 것이 있나요?
- ◆ 인형이 진짜가 된다면 어떨 것 같아요?
- ◆ 헝겊 토끼 인형은 왜 진짜가 되려고 했을까요?
- ◆ 움직이는 토끼를 봤을 때 어떤 생각을 했을까요?
- ◆ 사랑을 받으면 왜 진짜가 된다고 했을까요?
- ◆ 진짜가 되는 것은 어떤 것일까요?
- ◆ 하나님의 창조물인 나는 어떤 존재일까요?

📖 모모

미하엘 엔데 지음 / 한미희 옮김 / 비룡소

다음 책은 저학년 책 주제와 동일하게 시간과 관련된 책입니다. 새해가 되면 새로운 계획을 세우고 여러 다짐들을 합니다. 그런데 시간이 지나면 처음 그 마음을 지키지 못하기도 하고 계획만큼 시간이 되지 않아 시간이 더 필요하다고 생각하기도 합니다. 이럴 때 시간을 저축해 두는 시간은행이 있다면 어떨까요? 마을에 나타난 회색 신사들은 사람들에게 시간을 저축해 두라고 권합니다.

모모 이야기에 등장하는 시간에 대한 개념은 상상 속 이야기지만 지금을 살아가는 우리에게 새로운 의미로 다가옵니다. 시간을 들여 사람들의 이야기를 들어주는 모모와 지금의 시간을 아껴 회색 신사들에게 저축하는 마을 사람들은 다른 시간을 살아가는 사람들입니다. 시간의 가치와 함께 인간관계의 소중함까지 함께 읽어낼 수 있는 의미 있는 책입니다.

- ◆ 모모는 어떤 아이인가요?
- ◆ 모모의 집에 손님이 끊이지 않는 이유는 무엇 때문인가요?
- ◆ 시간 저축 은행은 어떤 곳인가요?
- ◆ 나에게 회색 신사들이 찾아온다면 어떻게 할 것 같은가요?
- ◆ 모모는 왜 회색 신사들이 나타나면 공기가 차가워지고 춥다고 했을까요
- ◆ 회색 신사들에게는 어떤 비밀이 있었나요?
- ◆ 호라 박사의 시간은 무엇이 다르다고 생각하나요?
- ◆ 시간의 꽃을 가지고 있으면 어떻게 되나요?
- ◆ 시간을 저축할 수 있다면 얼마나 어떻게 저축하고 싶나요?
- ◆ 미래에 시간을 저축해 두고 나서 사용하지 못하게 된다면 어떨 것 같나요?
- ◆ 미래의 시간과 지금의 시간을 같다고 할 수 있을까요?

부모

[부모]

이 책은 정체성이나 성장, 도전 등과 같은 다양한 주제로 이야기할 수 있지만 특별히 양육에 관한 관점으로 읽으면 좋겠다고 생각했습니다. 책을 통해 나누게 되는 이야기를 통해서 하나님께서 원하시는 양육자의 모습은 어떤 모습인지 생각하고 반응해 봅시다. 부부가 대화하며 우리 아이에게 어떤 양육자인지 돌아보고 함께 기도할 수 있는 시간이 되길 바랍니다.

📖 날고 싶지 않은 독수리

제임스 애그레이 글 / 볼프 에르브루흐 그림 / 김경연 옮김 / 풀빛

한 남자가 숲에서 독수리 새끼를 데려옵니다. 독수리는 닭과 오리와 함께 자라게 됩니다. 어느 날 동물학자가 와서 독수리를 보고 독수리를 날게 하겠다고 합니다. 땅만 보고 살던 독수리는 해를 보고 하늘을 나는 독수리가 됩니다.

아이에게 나는 어떤 양육자인가요? 동물학자로 등장하는 캐릭터의 행동과 말들에 질문을 던져보세요. 그러면서 그들의 양육 태도를 이해해 보고 나는 어떤 양육자인지를 생각해 봅시다. 그리고 아이들을 독수리라고 한다면 아이 입장에서 어떤 것을 느끼고, 어떤 것을 기대하는지 아이의 생각도 충분히 듣고 대화해 보세요. 독수리의 입장을 질문하고 이야기하다 보면 아이들의 생각과 마음이 드러나게 됩니다.

- ◆ 남자는 왜 숲에서 독수리를 데리고 와서 닭과 오리가 사는 곳에 살게 했을까요?
- ◆ 독수리는 왜 날고 싶지 않았을까요?
- ◆ 동물학자는 왜 독수리를 날게 하려고 했을까요?
- ◆ 내가 독수리라면 동물학자가 날게 해주려고 할 때 어땠을 것 같나요?
- ◆ 내가 독수리라면 어떻게 해주면 날고 싶을 것 같나요?
- ◆ 독수리는 왜 해를 보고 날게 되었을까요?
- ◆ 독수리는 날게 된 이후 어떻게 되었을까요?
- ◆ 독수리는 닭과 오리와 함께 있는 것이 좋았을까요? 날게 된 이후가 더 좋았을까요? 왜 그렇게 생각하나요?

📖 갈매기에게 나는 법을 가르쳐준 고양이

루이스 세풀베다 글 / 이억배 그림 / 유왕무 옮김 / 바다

내가 낳은 자식이지만 나의 성향과 정반대로 아이가 자랄 때 우리는 당황하기도 하고 힘들어합니다. 아이가 어렸을 때와 달리 점점 크면서 나와는 다른 존재라는 점을 깨닫게 되기도 하고요. 여기 그 다른 존재를 양육하는 과정이 담긴 책이 있습니다.

고양이 소르바스는 죽어가는 갈매기와 약속을 합니다. 갈매기 알을 먹지 않고 잘 돌봐 부화시키고 태어나면 나는 법을 가르치겠다고 말입니다. 새끼 갈매기 아포르뚜나다와 함께 지내면서 어렵게 약속을 지켜나갑니다. 하지만 고양이는 자신이 경험해 본 적도 없는 나는 법을 가르치려고 하니 너무 힘들어 하며 여러 방법을 써보다가 시인을 찾아가 도움을 받습니다. 결국 비 오는 날, 성당 난간에 아포로뚜나다는 두려워하며 날기 위해 서게 됩니다. 그런 아포르뚜나다에게 엄마로서 마지막 응원을 보내는 고양이 소르바스. 그리고 엄마의 격려를 받고 새끼 갈매기는 뛰어 내려 날아오르며 고양이 곁을 떠납니다.

고양이 소르바스의 입장에서 생각하면서 나의 양육 태도에 대해 생각하는 시간이 되기를 바랍니다.

◆ 고양이는 왜 갈매기의 부탁을 들어주었을까요?
◆ 갈매기를 키우기 위해 고양이는 어떤 노력을 하나요?
◆ 아이를 양육하는 일에 있어 내가 가장 자신 있어 하는 부분은 어떤 것인가요?
◆ 갈매기는 자신을 돌본 고양이가 자신과 다르다는 것을 알고 어떻게 했나요?
◆ 내가 고양이라면 엄마와 다르다는 걸 안 갈매기에게 어떻게 설명할 것 같나요?
◆ 고양이는 갈매기와 어떻게 대화를 나누나요? 고양이의 대화 속에서 배울 점은 무엇인가요?
◆ 갈매기 아포르뚜나다를 날게 하기 위해서 어떤 노력을 했나요?
◆ 아이 양육에 있어서 함께 도움을 받거나 도움을 주는 이웃이나 공동체가 있나요?
◆ 갈매기를 날게 하기 위해서는 강요나 억지가 아니라 왜 자발적으로 결정해야 할 문제라고 했을까요?
◆ 내가 고양이라면 날려 보내야 할 때 날려 보낼 수 있을 것 같나요?
◆ 갈매기를 떠나보낸 고양이는 어떤 마음이었을까요?

2월

무섭지만 괜찮아요!

2월

> 요한복음 14:27
> 평안을 너희에게 끼치노니 곧 나의 평안을 너희에게 주노라 내가 너희에게 주는 것은 세상이 주는 것과 같지 아니하니라 너희는 마음에 근심하지도 말고 두려워하지도 말라

 이번 달에는 감정을 다룰 수 있는 책들을 만나 봅니다. 아이들은 자신들만의 감정 채널을 가지고 세상을 바라보고 느끼기도 합니다. 그 감정 채널을 두려움에 맞춰 놓은 아이들이 있습니다. 특별히 아이가 두려워하는 것이 있나요? 가정 안에서 두려움을 어떻게 다루어야 하는지 생각해 보고 이야기 나눠봅시다.

[저학년]

📖 **블랙독**

레비 필폴드 글 그림 / 천미나 옮김 / 북스토리아이

어느 날 집 앞에 검은 개가 나타납니다. 집 안에 있던 아빠가 보고, 엄마가 보고, 아이들도 검은 개를 보고 놀라 집 밖으로는 나가지 못합니다. 그런데 막내 꼬맹이가 집 밖으로 나가서 검둥개와 뛰어놀고 집으로 데리고 옵니다. 책 속에 등장  하는 가족들의 반응을 따라가며 아이와 함께 읽어보세요.

감정 자체는 잘못이 아닙니다. 감정을 알아차리고 다룰 수 있다면 그것이 건강한 것입니다. 자기감정을 잘 알고 다룰 줄 아는 아이가 될 수 있도록 함께 이야기 나눠보세요.

◆ 두렵거나 무섭다고 느낀 적이 있나요? 그때 어떻게 했나요?
◆ 호프 아저씨는 왜 창밖을 보고 깜짝 놀랐나요?
◆ 가족들은 각각 창밖을 보고 무엇이 있다고 했나요?
◆ 꼬맹이는 왜 집 밖으로 나갔을까요?
◆ 꼬맹이는 왜 검은 개에게 따라오라고 했을까요?
◆ 나라면 어떻게 했을까요?
◆ 왜 블랙독은 점점 커졌다가 꼬맹이를 만난 후에 점점 작아졌나요?
◆ 꼬맹이가 검은 개를 데리고 집으로 데리고 왔을 때 가족들은 무엇을 알게 되었나요?
◆ 왜 가족들은 꼬맹이처럼 나가 보지 않았을까요?
◆ 꼬맹이가 나가지 않았다면 가족들은 어떻게 되었을까요?
◆ 두려움이 생겼을 때 어떻게 하면 좋을까요?
◆ 두려움이나 걱정이 느껴지면 어떻게 기도하고 행동하면 될까요?

📖 숲 속에서

클레어 A. 니볼라 글 그림 / 김기택 옮김 / 비룡소

숲은 탐험의 장소가 되기도 하고 창조 세계를 이해할 수 있는 좋은 공간이 됩니다. 하지만 아이들에 따라 숲은 낯설고 두려운 장소가 되기도 합니다. 아이들은 자라면서 어른들에게는 익숙하지만 아이에게는 무척이나 낯선 환경과 경험을 하게 됩니다. 무작정 데려가서 해보라고 권하거나 자연환경에 두면 저절로 적응하게 될까요?

이 책의 주인공은 멀리 있는 숲을 무서워합니다. 하지만 그곳을 가게 되고 그곳에서 넘어지게 되면서 오히려 다른 시선으로 숲을 보게 되고 숲을 경험하게 됩니다. 이런 주인공의 마음과 시선을 따라가면서 함께 읽어봅시다.

◆ 주인공은 왜 멀리 있는 숲을 보며 무서워했을까요?
◆ 집을 나서기 전에 왜 집 현관에 서서 벽난로 옆의 안락의자와 따뜻한 침대 그리고 좋아하는 물건들을 바라보았을까요?
◆ 마을 길을 따라가면서 어떤 생각이 들었을까요?
◆ 길을 가다 갑자기 왜 마을 쪽을 돌아보았을까요?
◆ 안전한 집으로 그냥 뛰어가 버리고 싶었지만 돌아가지 않았습니다. 나라면 어떻게 했을까요?
◆ 숲에 가면 들을 수 있는 소리, 볼 수 있는 것들은 무엇인가요?
◆ 넘어져 엎드려져 있을 때 어떤 일이 생겼나요?
◆ 주인공은 왜 해 질 무렵까지 그곳에 누워있었나요?
◆ 집으로 돌아오는 길 어떤 마음과 생각이었을까요?
◆ 아직 가보지 않았거나 경험하지 않았지만 경험해 보고 싶은 것이 있나요? 시도해 보려면 어떤 것이 필요할까요? 해보고 나면 어떨 것 같나요?

📖 나는 강물처럼 말해요

조던 스콧 글 / 시드니 스미스 그림 / 김지은 옮김 / 작은곰자리

2월은 다르게 보면 새학기를 준비하는 시간이기도 합니다. 새학기가 되면 아이들은 낯선 환경에 가게 됩니다. 그럴 때 아이들에게 어떤 이야기를 해주시나요? 아이들이 새로운 환경에서 어떻게 행동하길 원하시나요?

그보다 먼저 아이들이 어떤 마음을 느끼는지, 어떤 생각을 하는지 이야기를 들어보세요. 그리고 아이에게 맞는 설명을 해줄 수 있으면 좋을 것 같습니다.

이 책에 등장하는 아이는 어떤 것도 말할 수 없다고 합니다. 학교에서 발표도 하지 못합니다. 아이 안에 가득한 낱말을 입 밖으로 내지 못합니다. 그런 아이의 아빠는 어느 날 아이를 강가로 데려갑니다. 그리고 아이에게 아빠는 아이가 강물처럼 말한다고 말해줍니다.

◆ 주인공은 아침마다 어떤 소리를 듣나요?
◆ 주인공은 왜 어떤 것도 말할 수 없을까요?
◆ 학교에서는 왜 맨 뒷자리에 앉을까요?
◆ 아이들은 어디에만 귀를 기울이나요? 왜 그럴까요?
◆ 주인공의 입은 아침의 낱말들로 가득 차 있는데 왜 아무 말도 못 하고 있을까요?
◆ 학교에서 발표 차례가 되면 나는 어떤가요? 그럴 때 어떤 마음이 드나요?
◆ 아빠는 왜 아이를 강가로 데려갔을까요?
◆ 아빠는 왜 아이에게 강물처럼 말한다고 할까요?
◆ 강물처럼 말하는 것은 어떻게 말하는 것일까요?
◆ 아이는 강물처럼 말한다는 것을 왜 계속 떠올렸을까요?
◆ 강물을 떠올리며 어떤 마음이 생겼을까요?

[고학년]

고학년이 되면 계속 존재에 대한 고민을 나눌 수 있는 책들을 읽으려고 합니다. 하나님은 존재에 관심이 있으시지요. 하나님의 관심인 나의 존재에 대해 고민하고 방향이 필요한 때가 고학년 시기입니다. 아이와 함께 존재, 혹은 정체성에 대해 이야기 나눌 수 있는 책입니다. 하나님이 만드신 '나'의 존재를 설명할 수 있도록 이야기 나눠보세요.

📖 꽃들에게 희망을

트리나 풀러스 글 그림 / 김석희 옮김 / 시공주니어

호랑애벌레는 먹고 사는 일 말고 다른 것이 있으리라 생각합니다. 그러다 애벌레들이 향하고 있는 애벌레 기둥을 오르게 됩니다. 그곳에서 만난 노랑애벌레와 함께 기둥에 오르는 것을 멈추고 함께 지내지만 호랑애벌레는 다시 애벌레 기둥으로 돌아갑니다.

애벌레 기둥에 올라간 호랑애벌레는 애벌레 기둥이 여러 개가 있음을 발견하게 되고 그 높은 곳에 아무것도 없다는 것을 알게 됩니다. 그리고 그 순간 노란 나비 한 마리를 마주하게 됩니다. 애벌레일 때 올랐던 애벌레 기둥이 어떤 의미인지, 나중에 나비가 되었을 때를 생각해 보고 이야기 나눠봅시다.

- ◆ 호랑애벌레는 원래 무엇을 하며 어떻게 살았나요?
- ◆ 호랑애벌레는 왜 애벌레 기둥에 오르려고 했을까요?
- ◆ 호랑애벌레는 노랑애벌레와 왜 헤어져 혼자 애벌레 기둥으로 갔나요?
- ◆ 애벌레 기둥에 올라간 호랑애벌레가 놀란 이유는 무엇인가요?
- ◆ 애벌레가 고치로 있는 시간에 어떤 일이 일어났나요?
- ◆ 애벌레가 고치로 있는 과정이 없다면 어떻게 될까요?
- ◆ 나비가 되었을 때 어땠을까요?
- ◆ 책 제목이 왜 "꽃들에게 희망을"일까요?

📖 깡통 소년

크리스티네 뇌스틀링거 글 / 유혜자 옮김 / 아이세움

아이를 길러본 적 없는 바톨로티 부인에게 깡통 하나가 배달됩니다. 그 안에는 여덟 살 아이가 들어 있었습니다. 아이를 환불할 것인지, 키울 것인지 갈등하다가 결국 아이의 엄마가 되어주는 이야기로 결론이 끝납니다.

어떻게 존재가 공장에서 찍어내듯 모두 똑같을 수 있을까요? 하나님의 창조와 사람들이 만드는 상품의 차이를 생각하며 함께 읽어봅시다.

◆ 바톨로티 부인에게 배달된 것은 무엇입니까?

◆ 에곤씨는 왜 콘라트의 아빠가 되기로 했을까요?

◆ 에곤씨는 왜 콘라트를 학교에 보내려고 했을까요?

◆ 학교에서 콘라트는 어떤 모습이었나요? 친구들과 어떻게 지냈나요?

◆ 콘라트와 바톨로티 부인, 에곤씨가 사는 가정은 우리가 일반적으로 아는 가정과 무엇이 다른가요?

◆ 이들이 앞으로 계속 가정을 잘 이루려면 어떤 모습(태도)이 필요할까요?

◆ 깡통 소년이 실제로 생겨난다면 어떤 일이 생길 것 같나요?(장단점 등 다방면으로)

부모

[부모]

메두사 엄마

키티 트라우더 지음 / 김영미 옮김 / 논장

앞의 책들은 아이들이 새 학기를 준비하는 과정에서 느끼는 긴장감에 대해 다룰 수 있는 책들이었습니다. 이번에는 반대로 아이를 처음 어린이집이나 학교에 보낼 때 느끼는 부모의 마음이라고 할까요?

메두사 엄마는 딸 이리제를 자신의 진주라고 생각하고 자신의 긴 머리카락 속에서 키웁니다. 하지만 딸 이리제는 친구들과 함께 학교에 가고 싶어 합니다. 그것도 엄마 없이 혼자 말입니다. 이때 메두사 엄마는 어떻게 반응할까요? 어떤 모습이 건강한 것일까요? 메두사 엄마를 통해 생각해 볼 점이 많이 있습니다.

◆ 메두사 엄마는 이리제를 왜 머리칼 속에서 키웠을까요?
◆ 엄마는 사람들이 이리제를 예뻐하며 다가왔는데 왜 안지 못하게 했을까요?
◆ 메두사 엄마가 이리제에게 조가비가 되어주겠다고 한 것은 어떤 마음이었을까요?
◆ 메두사 엄마의 양육 방식에 대해 어떻게 생각하나요?
◆ 이리제는 다른 아이들과 함께 어울리고 싶다고 하는데 왜 나가지 못하게 했을까요?
◆ 학교에 간 이리제는 어떤 모습이었나요?
◆ 이리제를 데리러 온 엄마의 모습은 어떻게 바뀌었나요?
◆ 메두사 엄마는 왜 머리카락을 잘랐을까요?

3월

우리는 다 달라요!

3월

> 요한일서 4:18-19
> 사랑 안에 두려움이 없고 온전한 사랑이 두려움을 내쫓나니 두려움에는 형벌이 있음이라 두려워하는 자는 사랑 안에서 온전히 이루지 못하였느니라 우리가 사랑함은 그가 먼저 우리를 사랑하셨음이라

날씨가 따뜻해지고 생명의 에너지가 가득한 봄입니다. 얼었던 땅에서 새순이 올라오고 개구리가 겨울잠에서 깨는 따뜻한 계절에 어울리는 단어가 바로 '사랑'이라는 생각이 듭니다. 그 따뜻함을 나눌 수 있는 그림책을 소개합니다.

[저학년]

📖 사랑한다는 걸 어떻게 알까요?

린 판덴베르흐 글 / 카티예 페르메이레 그림 / 지명숙 옮김

하나님의 사랑을 받는 우리는 그 사랑을 어떻게 알까요? 코끼리는 동물들이 모인 날, 주저하면서 이야기를 꺼냅니다. "누군가를 사랑한다는 걸 어떻게 알죠?" 이 질문에 함께 모인 동물들과 곤충들이 대답하기 위해 찾아갑니다. 여러분은 어떤 답을 할 수 있을 것 같나요?

코끼리의 심오한 질문에 함께 대답해 보며, 하나님의 사랑에 대해서 이야기 나눠보세요. 그리고 숨겨져 있던 화원에서 벌어지는 놀라운 일들은 무엇인지 생각해 보고, 자연이 주는 힘이 어디서부터 오는지 하나님의 창조 섭리도 함께 이야기해 봅시다.

◆ 코끼리가 풀기 어려운 문제는 무엇이었나요?
◆ 누군가를 사랑한다는 걸 어떻게 알까요?
◆ 왜 대답이 다 다를까요?
◆ 나는 어떨 때 가족, 친구를 사랑한다는 걸 아나요?
◆ 나는 어떨 때 사랑받고 있다고 느끼나요?
◆ 코끼리에게 답을 알려준다면 어떤 답을 말해주고 싶나요?

📖 다다다 다른 별 학교

윤진현 글 그림 / 천개의 바람

선생님께서 반에 들어오시자 아이들은 자신들이 모두 다른 별에서 왔다고 소개합니다. 짜증나 별에서 온 나, 생각대로 별에서 온 나, 눈물나 별에서 온 나, 반듯반듯 별에서 온 나 등 모두 자기가 온 별을 소개합니다.

새학년이 시작되면 아이들은 친구들을 새롭게 만나게 됩니다. 가족이 아닌 또래 친구들과 작은 사회를 이루고 사회 구성원들과 함께 질서를 이루고 화목하게 지내기 위해서는 우선 나를 비롯해 타인을 알아가고 이해하는 것이 필요합니다. 그것이 이웃사랑의 시작이겠지요? 이 책에서는 아이들이 자신을 어떻게 생각하고 표현할 수 있을지 이야기하고, 나와 다른 친구들에 대해 어떻게 이해할 수 있을지 생각해 볼 수 있습니다.

◆ 새 학년 새 학기에 새롭게 만난 친구들은 어떤 친구들인가요?
◆ 어느 별에 온 친구들이 기억에 남나요? 왜 그 친구들이 기억에 남나요?
◆ 나는 어떤 별에서 왔다고 표현할 수 있을까요?
◆ 왜 각자 다른 별에서 왔다고 할까요?
◆ 다른 것은 좋은 것일까요? 나쁜 것일까요?
◆ 나와 다른 친구들을 만나면 좋은가요? 불편한가요?
◆ 우리를 다른 모양으로 만든 분이 하나님입니다. 하나님은 왜 우리를 다르게 만들었을까요?
◆ 다른 친구들과 잘 지내려면 어떻게 해야 할까요?

📖 친절은 우리를 강하게 해요

소피비어 글 그림 / 상수리

'친절'이라는 단어가 익숙한 것처럼 느껴지지만 정확히 어떤 것이 친절일지는 모르는 경우가 많습니다. 아이들에게도 물으면 아이마다 서로 다른 친절에 관해 말하는 것을 들을 수 있습니다. 이 책은 친절한 상황들에 대해 잘 설명해 주고 있습니다. 친절한 인사부터 시작해서 꽃들에게 물을 주는 것, 샌드위치를 나눠 먹는 것, 차례 지켜 노는 것 등. 실제로 아이들이 학교생활에서 마주하게 되는 상황에서 어떤 행동이 친절한 것인지를 알려줍니다.

아이들이 만날 수 있는 친절한 상황들. 그리고 내가 친구들에게 어떻게 친절하게 행동할 수 있는지 같이 이야기 나눠보고 친절함이 왜 강함이 될 수 있는지, 이때 강함은 어떤 것인지 같이 대화해 봅시다.

- 친절은 무엇일까요?
- 친절하려면 어떻게 해야 할까요?
- 길을 비켜주는 것이 왜 친절일까요?
- 꽃들에게 시원한 물을 주는 것이 왜 친절일까요?
- 힘내라고 응원하는 것이 왜 친절일까요?
- 나는 어떤 친절을 실천해 보고 싶나요?
- 내가 받고 싶은 친절은 어떤 것인가요?
- 친절이 우리를 강하게 한다는 것이 무슨 뜻일까요?

[고학년]

C.S.루이스는 기독교 변증가로 손꼽히는 작가입니다. 그가 쓴 『나니아 연대기』는 판타지 동화입니다. 기독교세계관을 가지고 있지만 기독교를 직접 언급하지는 않고 있습니다. 하지만 읽는 동안 아이와 함께 하나님의 관점, 기독교세계관에 대해 이야기 나눌 수 있습니다. 믿음이 무엇인지, 창조론과 진화론이 어떻게 다른지, 기독교에 대해 질문이 많은 고학년 아이들과 이야기 나누기에 좋은 도구가 되는 책이라 생각합니다. 매월 한 권씩 읽으면서 아이와 함께 기독교세계관에서 다룰 수 있는 핵심어를 찾아보고, 질문을 만들어 이야기를 나눌 수 있습니다.

📖 나니아 나라이야기 1. 마법사의 조카

C.S 루이스 글 / 폴린 베인즈 그림 / 햇살과나무꾼 옮김 / 시공주니어

나니아의 시작을 알 수 있는 책입니다. 세상이 처음 시작될 때 어떤 일이 생겼을까요? 아슬란의 등장으로 시작되는 나니아의 모습이 흥미롭습니다. 디고리의 시선을 따라가며 나니아를 만나 볼까요?

- ◆ 앤드루 외삼촌은 어떤 사람인가요?
- ◆ 세계, 세상의 광대함, 우주에 대해 어떻게 생각하나요?
- ◆ 디고리와 폴리는 어떤 관계인가요?
- ◆ 불길한 낱말의 효능(파괴)는 지금도 있다고 생각하나요?
- ◆ 디고리와 외삼촌과 제이디스가 원하는 것은 무엇이었나요?
- ◆ 내가 간절히 바란다고 해서 바라는 모든 것이 정당한 것, 합당한 것, 당연한 것일까요?
- ◆ 나니아가 창조 될 때 모습을 보고 어떤 생각이 들었나요? 창조 이전의 모습은 어떤 모습이었을까요?
- ◆ 창조 때 어떤 냄새가 나고, 어떤 소리가 나고, 어떤 색들이 보였을까요? 창조 때를 상상해 보세요.
- ◆ 아슬란이 나니아를 만든 이유는 무엇일까요?
- ◆ 디고리는 사과를 맛보고 싶은 마음을 왜 참고, 어떻게 참았을까요?

📖 비밀의 화원

프랜시스 호지슨 버넷 지음 / 타샤 튜더 그림 / 공경희 옮김 / 시공주니어

　이유도 없이 짜증이 많아지는 모습을 보면 이제 사춘기가 시작되었음을 느낍니다. 이 책에 나오는 메리와 콜린도 주위 사람들에게 짜증만 부리던 아이였지만 친구가 생기고 비밀의 화원에 있는 시간이 길어지면서 다른 모습으로 바뀝니다.

　얼마든지 생각과 행동이 변화될 수 있고 그것이 주위 사람들에게 어떤 영향을 주는지 알 수 있는 이야기입니다. 사람과 사람이 그리고 자연이 어떻게 상호작용하며 지낼 수 있는지 이야기 나누며 읽어봅시다.

◆ 메리는 어떤 아이인가요?

◆ 크레이븐 저택의 화원은 왜 10년 동안 자물쇠가 채워져 있었나요?

◆ 메리는 어떻게 화원에 들어가게 되었나요?

◆ 콜린과 메리는 어떻게 만나게 되나요?

◆ 디콘과 벤 할아버지와 마사는 메리와 콜린에게 어떤 사람들인가요?

◆ 화원에서 어떤 일이 생겼나요?

◆ 콜린에게 변화가 생긴 이유는 무엇일까요?

◆ 자연이 주는 힘은 어디에서 오는 것일까요?

부모

[부모]

📖 피노키오의 모험

로베르토 인노첸티 그림 / 카를로 콜로디 글 / 이승수 옮김

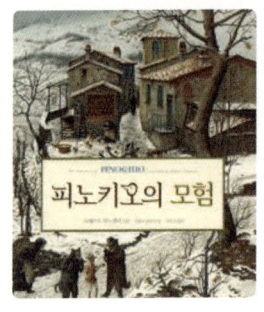

제페토 할아버지는 나무 인형을 만들어 함께 지내려고 합니다. 하지만 나무 인형은 할아버지가 만든 목적과 상관없이 할아버지를 떠나 불에 타서 없어질 뻔도 하고 나무에 매달리게도 됩니다. 그런 피노키오를 할아버지는 찾으러 나서고 기다립니다. 할아버지의 기다림은 부모가 아이의 성장을 지켜보고 기다리는 모습과 닮아있습니다.

피노키오 이야기는 아이들 책이라고 생각할 수 있지만 부모에게 여러 생각할 거리들을 제공하고 있는 좋은 책이라 할 수 있습니다. 피노키오가 만나는 무리들, 꼭두각시들, 학교 친구들, 장난감 나라 아이들 등에서 나타나는 피노키오의 반응과 행동에서 우리 아이들을 생각해 볼 수 있습니다. 또한 피노키오의 시선이 아닌 피노키오를 바라보는 어른들의 시선을 따라가며 나라면 어떻게 했을지 생

각해 봅시다.

◆ 제페토 할아버지는 왜 피노키오를 만든 걸까요?
◆ 피노키오의 귀를 만들지 못한 것은 어떤 의미가 있을까요?
◆ 피노키오에게 충고하는 귀뚜라미의 말은 틀리지 않았지만 비난하는 말입니다. 아이에게 비난의 말이 아닌 어떤 말로 대화해야 할까요?
◆ 피노키오는 미성숙한 모습을 보입니다. 아이들도 미성숙한 존재여서 하게 되는 말이나 행동들이 있습니다. 어떻게 해야 아이의 성숙을 도울 수 있을까요?
◆ 꼭두각시 인형 극장에서 피노키오는 꼭두각시들을 만났을 때 어떻게 했나요? 왜 자신이 대신 죽겠다고 했을까요?
◆ 강도들을 만난 피노키오는 왜 불쌍한 아빠를 기다렸을까요?
◆ 요정은 피노키오에게 어떤 존재였나요? 다른 어른들과 달랐던 점은 무엇이었나요?
◆ 피노키오가 닭 도둑을 잡을 수 있었던 이유는 무엇일까요?
◆ 피노키오는 왜 자라고 싶다고 했을까요? 아이가 자라고 싶고 성장하고 배우고 싶다고 할 때까지 기다려 줄 수 있나요? 아니면 아이의 반응보다 부모의 기대대로 끌고 가나요?
◆ 학교 아이들 사이에서 피노키오가 싸우게 된 이유는 무엇이었나요? 아이들이 친구들과 다툼이 생겼을 때 어떻게 하는 것이 좋을까요?

◆ 장난감 나라로 가기까지 피노키오가 고민한 것은 무엇입니까? 아이가 바른 선택을 할 수 있으려면 어떻게 해야 할까요? 부모로서 어떤 부분을 도와줄 수 있을까요?

◆ 당나귀로 변한 피노키오를 만난다면 어떤 이야기를 해주고 싶나요?

◆ 제페토 할아버지와 피노키오의 만남을 왜 아버지와 아들의 만남이라고 했을까요?

◆ 제페토 할아버지의 기다림은 부모에게 있어 어떤 의미가 있을까요? 나라면 어떻게 기다릴 수 있을까요?

◆ 피노키오가 사람이 된 이유는 무엇일까요? 피노키오가 처음부터 사람이 될 수 없었던 이유는 무엇일까요?

4월

믿을 수 없어요!

4월

> 누가복음 8:15
> 좋은 땅에 있다는 것은 착하고 좋은 마음으로 말씀을 듣고 지키어 인내로 결실하는 자니라

아이들에게 착하고 좋은 마음으로 살아야 한다고 말합니다. 하지만 거짓말이 난무하고 무엇이 진짜인지 알기 어려운 시대에 살고 있습니다. 진실해야 하는 것이 먼저이고, 그런 훈련이 먼저입니다. 더불어 진짜를 구별하는 훈련도 필요하다고 생각합니다. 속이는 것들에 휘둘리지 않고 진짜를 알아보는 눈을 가진 아이들이 될 수 있도록 문제 상황에서 나라면 어떻게 했을지를 생각해 볼 수 있는 책들입니다.

[저학년]

📖 감기 걸린 물고기

박정섭 글 그림 / 사계절

큰 물고기가 작은 물고기를 잡아먹으려고 합니다. 그런데 작은 물고기들이 함께 뭉쳐서 큰 물고기처럼 대열을 만들어 큰 물고기가 함부로 공격할 수 없게 합니다. 그러자 큰 물고기가 한 가지 생각을 떠올리고 작은 물고기들한테 소문을 냅니다. 빨간 물고기가 감기에 걸렸다고 말입니다.

그러자 다른 물고기들이 빨간 물고기를 그룹에서 내쫓아 버립니다. 큰 물고기는 맛있게 빨간 물고기들을 잡아먹습니다. 그 뒤로도 노란 물고기, 파란 물고기들이 감기에 걸렸다고 계속 소문을 냅니다. 그러면서 남은 물고기들은 서로 의심하고 싸우게 됩니다. 비판적 사고가 어려운 저학년 아이들과 함께 이야기를 통해 소문과 진실의 차이에 대해 다룰 수 있습니다.

그리고 착한 마음, 좋은 마음을 가지려면 어떻게 해야 할지, 어떤 이야기에 귀 기울여야 하는지 이야기 나눠봅시다.

◆ 감기에 걸린 적이 있나요? 그때 친구들이나 주위 사람들이 어떻게 하나요?
◆ 큰 물고기가 왜 빨간 물고기가 감기에 걸렸다고 했을까요?
◆ 감기 걸린 물고기 이야기를 들은 물고기들은 어떻게 하나요?
◆ 빨간 물고기는 어떻게 되나요?
◆ 왜 점점 감기 걸린 물고기가 많아졌을까요?
◆ 검은 물고기가 믿어도 되냐고 이상하다고 할 때 다른 물고기들은 어떻게 하나요?
◆ 나라면 어떻게 했을까요?
◆ 물고기들은 결국 어떻게 되었나요?
◆ 큰 물고기는 어떻게 되었을까요?
◆ 소문과 진짜 이야기의 차이는 무엇일까요?
◆ 소문이 들려올 때 어떻게 하면 좋을까요?

📖 다리

하인츠 야니쉬 글 / 헬가 반쉬 그림 / 김서정 옮김 / 주니어랜덤

외다리에서 거인과 곰이 만납니다. 서로 다른 방향으로 건너려고 하는데 비켜주지 않습니다. 이대로 있으면 곧 떨어지고 맙니다. 둘 다 무사히 다리를 건널 수 있을까요?

우리는 살면서 수많은 사람을 만납니다. 이 사람들은 하나님께서 보내신 소중한 사람들입니다. 그런데 아무리 좋은 사람들이라 해도 사람들과 같이 어울리다 보면 여러 모양의 문제가 생깁니다. 문제가 생길 때 어떻게 반응하고 있는지, 그리고 어떤 식으로 해결하면 좋을지 생각해 볼 수 있습니다.

◆ 나는 문제가 생기면 제일 먼저 어떤 감정이 생기나요? 왜 그 감정이 먼저 떠오르는 걸까요?
◆ 다리 위에서 누구와 누가 만났나요?
◆ 둘에게 어떤 문제가 있나요?
◆ 왜 서로 물러날 생각을 하지 않을까요?
◆ 커다란 곰과 거인이 나에게 해결 방법을 물어본다면 어떻게 대답해 줄까요?
◆ 곰과 거인의 해결 방법이 괜찮다고 생각하나요?
◆ 곰과 거인이 처음에 가려고 한 곳에서 왜 서로 고맙다고 했을까요?
◆ 문제가 생길 때 제일 먼저 떠올려야 하는 것은 무엇일까요?
◆ 문제해결을 위해 어떤 노력이 필요할지 생각해 보고 이야기 나눠보세요.

📖 숲의 시간

윌리엄 스노우 글 / 앨리스 멜빈 그림/ 이순영 옮김 / 북극곰

하나님이 창조한 세계를 이해한다는 것은 창조주 하나님을 알아가는 것이라 할 수 있습니다. 창조 세계를 보면 하나님의 마음과 뜻이 담겨있음을 알 수 있기 때문입니다. 그런 의미에서 창조 세계를 알아차리기 좋은 봄이 되었습니다. 집 가까이에 있는 숲을 찾아보고 걸어보고 자연을 만나 보는 시간을 가져보며 아이와 함께 이야기 나눠보면 좋겠습니다.

이 책에는 봄, 여름, 가을, 겨울의 사계절 숲속을 장면으로 표현하고 있습니다. 작은 팝업들을 열면 작은 동물들의 집을 들여다보는 재미도 있습니다. 책을 들고 밖으로 나가 숲을 천천히 걸어보세요. 그리고 책 속에 머물며 생각도 하면서 같이 읽어보세요.

- 숲에 가본 적이 있나요? 그때 무엇을 보았나요?
- 생쥐가 사는 숲속 마을은 어떤 곳 같나요?
- 숲의 풍경은 어떻게 달라지나요?
- 숲에서 보이는 동물들, 식물들의 특징을 찾아보세요.
- 1월부터 12월까지 매월 어떤 모습인지 표현해 보세요. (말로, 글로, 그림으로)
- 생쥐가 나를 초대한다면 몇 월의 숲에 가보고 싶나요? 그 이유는 무엇인가요?
- 숲속 마을의 동물들은 모두 다른 모양의 집에서 살아갑니다. 왜 다른 모양일까요? 집안 모습까지 자세히 살펴보세요.
- 숲에서 시간을 보내는 동안 어떤 생각이 들었나요?
- 숲을 보며 알 수 있는 창조주 하나님의 마음은 무엇인가요?

[고학년]

C.S. 루이스가 처음 집필한 책은 지난달 보았던 『마법사의 조카』가 아니라 이번에 읽을 『사자와 마녀와 옷장』입니다. 이 책을 먼저 쓰고 해설편처럼 나니아의 시작을 다룬 책이 『마법사의 조카』입니다. 디고리 교수님은 『마법사의 조카』에 등장하는 아슬란의 숙제를 훌륭히 해내고 엄마의 병을 고쳤던 그 어린 디고리입니다.

📖 나니아 나라이야기 2. 사자와 마녀와 옷장

C.S 루이스 글 / 폴린 베인즈 그림 / 햇살과나무꾼 옮김 / 시공주니어

이 책은 생명 가득했던 봄의 나니아가 모든 것이 멈춘 겨울로 바뀐 것을 볼 수 있습니다. 나니아는 옷장 안으로 들어간 루시에 의해 발견되면서 나니아 나라 이야기가 다시 시작됩니다. 나니아가 어떻게 회복되는지 아슬란을 따라 아이들과 함께 읽어보세요.

◆ 나니아는 왜 겨울일까요?
◆ 형제들은 왜 루시의 말을 믿어주지 않았을까요?
◆ 에드먼드가 하얀 마녀의 유혹에 넘어간 이유는 무엇일까요?
◆ 내가 에드먼드였다면 어떻게 했을까요?
◆ 비버들이 말하는 나니아는 어떤 곳이고 아슬란을 어떻게 설명하고 있나요?
◆ 하얀 마녀와 에드먼드는 어떤 거짓말을 하나요?
◆ 에드먼드가 변한 이유는 무엇인가요?
◆ 마녀는 원래 어떤 역할을 했었나요?
◆ 아슬란은 왜 힘으로 하얀 마녀를 제압하지 않았을까요?
◆ 아슬란은 왜 에드먼드 대신 자신을 주기로 약속했을까요?
◆ 아슬란이 대신 죽기로 한 선택과 결심에 대해 어떻게 생각하나요?
◆ 아슬란이 다시 살아났을 때 어떤 일들이 벌어졌나요?
◆ 마녀가 몰랐던 더 심오한 마법은 무엇이었나요?
◆ 나니아는 어떻게 회복되었나요?

📖 빨간 머리 앤

루시 모드 몽고메리 글 / 조디 리 그림 / 김경미 옮김 / 시공주니어

매슈와 마릴라 남매에게 일을 도울 남자아이가 필요했습니다. 그래서 입양을 신청하고 기다렸는데 이때 찾아온 아이가 바로 빨간 머리 앤이었습니다. 앤을 돌려보내려고 했지만 결국 초록 지붕 집에 함께 살게 됩니다.

많은 사람이 인생 책으로 꼽는 책으로 설명이 필요 없는 책입니다.

앤이 기차역에서 초록 지붕 집으로 오는 길의 묘사가 인상적인데 아마 우리나라 4월과 비슷한 날씨가 아니었을까 생각해 봅니다. 이 계절의 꽃들과 나무 호수의 아름다움을 따라가 봅시다. 또한 앤과 다이애나의 우정도 아이들과 이야기 나누기 좋은 부분이 될 것입니다.

◆ 앤이 초록 지붕 집으로 오게 된 이유는 무엇인가요?
◆ 매슈와 마릴라가 앤을 돌려보내려다가 함께 살기로 결정한 이유는 무엇일까요?
◆ 앤이 잘하는 것은 어떤 것들이 있나요?
◆ 앤과 같은 친구가 내 옆에 있다면 어떨 것 같나요?
◆ 앤과 다이애나가 친구로 지내는 모습을 보며 어떤 생각이 드나요?
◆ 앤의 학교생활은 어때 보이나요?
◆ 앤은 매슈, 마릴라, 다이애나, 길버트 등 주위 사람들에게 어떤 존재였나요?
◆ 앤이 퀸스 장학생을 포기하고 마릴라 아줌마에게 돌아온 것에 대해 어떻게 생각하나요?
◆ 앤이 말하는 '모퉁이'는 무엇일까요? 모퉁이 길이 왜 매력 있다고 했을까요?

부모

[부모]

📖 하이디

요한나 슈피리 글 / 토미 웅게러 그림 / 김영진 옮김 / 시공주니어

이 책이 기독교적 세계관으로 쓰여진 것을 모르는 사람이 많습니다. 하이디를 쓴 작가는 작은 마을 의사였던 아버지와 찬송가 작사가였던 어머니 사이에서 자랐습니다. 그래서 그런지 이야기에 등장하는 하이디가 성장하는데 신앙이 어떤 힘을 주는지 잘 보여주고 있습니다.

하이디는 엄마가 죽고 이모 손에 이끌려 고원 아재라고 부르는 할아버지에게 맡겨지게 됩니다. 그곳에서 페터와 페터 할머니와 함께 생활하다가 도시로 가게 되는데 그곳에서 향수병에 몽유병까지 생기게 되면서 다시 하이디는 고원 할아버지 곁으로 돌아옵니다. 이런 과정에서 하이디는 페터 할머니로부터 들은 찬송가와 기도에 대해 들었던 이야기를 기억하고 힘들 때마다 떠올립니다.

하이디에게 어떻게 신앙이 전수되었는지, 그리고 하이디가 신앙인으로 성장하는 모습을 따라가다 보면 우리 아이들에게 신앙이

어떻게 전수 되는지 알아차리게 될 것입니다. 이 과정에서 부모의 역할도 생각해 보는 기회가 되길 바랍니다.

- ◆ 하이디는 왜 고원 할아버지와 살게 되었나요?
- ◆ 목사님이 찾아와서 걱정했던 것은 무엇이었나요? 내가 하이디 할아버지였다면 어떤 결정을 내렸을 것 같나요?
- ◆ 페터네 할머니가 아이들에게 원했던 것은 무엇이었나요?
- ◆ 몸이 불편했던 클라라에게 필요한 것은 무엇이었을까요?
- ◆ 클라라 아버지가 클라라에게 친구를 만들어 주려고 한 이유는 무엇인가요?
- ◆ 클라라가 하이디를 만나고 나서 무엇이 달라졌나요?
- ◆ 힘들 때 페터 할머니가 가르쳐 준 기도를 기억할 수 있었던 것은 무엇 때문이었을까요?
- ◆ 하이디가 고원에 있을 때와 도시에 있을 때 어떤 차이가 있었나요?
- ◆ 클라라 할머니가 클라라와 하이디를 대하는 태도는 어떤가요?
- ◆ 클라라 아버지 제제만 씨의 친구 의사 선생님은 왜 고원에서 살기로 결정했을까요?
- ◆ 하이디가 할아버지를 교회로 모시고 가게 된 것은 어떤 이유 때문인가요?

◆ 아이가 자라면서 힘들 때 무엇을 기억하길 원하나요? 아이에게 알려주고 싶은 신앙의 습관이 있나요?
◆ 도시에서의 교육과 고원에서의 교육을 비교해 보고 하나님이 원하는 교육은 어떤 교육일지 생각해 봅시다.

5월

사랑합니다! 고맙습니다!

5월

> 에베소서 4:2-3
> 모든 겸손과 온유로 하고 오래 참음으로 사랑 가운데서 서로 용납하고 평안의 매는 줄로 성령이 하나 되게 하신 것을 힘써 지키라

가족이 가까이 지내다 보면 생각하지 못한 문제들을 만나게 됩니다. 하지만 아이 때문에 옴짝달싹 못 하며 지내는 부모님에게 조금만 지나면 아이와 있고 싶어도 같이 있지 못하는 시간이 곧 시작된다고 말씀을 드립니다. 아이의 사춘기가 곧 다가오니까요. 그런데 아이들도 부모님 때문에 마음이 어렵고 힘들어합니다. 이 책들은 가족이라 느끼는 어려움, 가족이라 만나게 되는 문제 상황들을 다루고 있습니다. 이런 상황에서 우리는 어떻게 문제를 해결할 수 있을지 생각해 볼 수 있습니다.

[저학년]

📖 고함쟁이 엄마

유타 바우어 글 그림 / 이현정 옮김

그래서 생각한 책이 바로 고함쟁이 엄마입니다. 이 책은 "오늘 아침, 엄마가 나에게 소리를 질렀어요."라는 문장으로 시작합니다. 고함소리에 새끼 펭귄의 몸들은 흩어지게 되고 흩어진 몸의 부분들을 엄마가 찾아다닙니다. 결국 다시 온전한 몸이 되도록 꿰매어 주게 되는데요.

엄마의 고함이 아이에게 주는 영향을 시각적으로, 청각적으로, 촉감적으로 잘 표현한 책입니다. 엄마가 소리 지르고 싶을 때가 언제인지, 소리 지르지 않기 위해서 어떻게 하면 좋을지 가정 안에 규칙을 만들어 보는 것도 좋을 것 같습니다. 아이와 함께 읽으며 엄마의 마음도, 아이의 마음도 예방주사를 맞는 시간이 되어 보세요.

◆ 우리 엄마는 어떨 때 소리를 지르나요?
◆ 소리 지르는 엄마를 대할 때, 나는 어떤가요?
◆ 나는 언제 소리를 지르고 싶나요?
◆ 남은 두 다리가 마지막으로 발견한 것은 무엇인가요?
◆ 마지막에 엄마가 한 말을 듣고 어땠을까요?
◆ 소리 지르는 엄마에게 하고 싶은 말은 무엇일까요?
◆ 엄마가 그리고 내가 소리 지르고 싶을 때는 어떻게 하면 좋을까요?

📖 소중한 주주브

앤 윌즈도르프 글 그림 / 이정임 옮김 / 웅진주니어

어느 날 파라피나는 숲속에서 뱀에게 잡아 먹힐 뻔한 갓난아기를 발견하게 됩니다. 그리고 엄마에게 선물이라며 아기를 데리고 갑니다. 그런데 엄마는 이미 아이들이 많이 있어서 아기를 키울 수 없다고 말합니다. 그래서 이 아기를 드로세라 아줌마에게 보내려고 하는데 아이들 모두 반대합니다.

파라피나의 엄마는 어쩔 수 없이 아기를 키우기로 하고 한 가족이 됩니다. 가족이 만들어지는 또 다른 모습들을 통해서 가족의 의미도 생각해 보고, 여러 모양의 가정에 대해 이야기해 봅시다.

- ◆ 가족은 어떻게 만들어질까요?
- ◆ 가족이 있는 것과 없는 것은 무엇이 다를까요?
- ◆ 파라피나는 숲속에서 무엇을 발견하나요?
- ◆ 파라피나의 선물을 엄마는 왜 받을 수 없다고 했을까요?
- ◆ 아이들은 왜 아기를 드로세라 아줌마에게 보내는 것을 반대했을까요?
- ◆ 주주브는 어떻게 가족이 되었나요?
- ◆ 왜 엄마는 아이들이 가장 값지고 귀한 금은보화라고 했을까요?
- ◆ 가족들이 함께 행복하려면 어떤 노력이 필요할까요?
- ◆ 가정에서 나는 어떤 역할을 하고 싶나요?

📖 고맙습니다 선생님

패트리샤 폴라코 글 그림 / 서애경 옮김 / 아이세움

5월에는 어린이날, 어버이날, 스승의 날 등 감사를 표현해야 하는 날들이 많이 있습니다. 감사한 분들 중에서도 '선생님'에 대해 생각해 볼 수 있는 책을 읽고 이야기 나눠봅시다.

아이들에게 아빠 엄마의 선생님에 대한 추억도 들려주고, 선생님께 진심을 담은 감사 편지도 써봅시다. 이 책은 난독증이 있는 트리샤와 이런 트리샤를 변화시키는 폴기 선생님의 이야기가 담겨있습니다. 다른 그림책에 비해 글밥이 많습니다. 부모님과 한 페이지씩 나눠서 읽어가면서 함께 이야기 나누면 좋을 것 같습니다.

◆ 할아버지는 왜 책 표지 위에 꿀을 끼얹었을까요?
◆ 1학년이 된 트리샤는 왜 친구들과 다르다고 느꼈을까요?
◆ 내가 처음 글자를 배우고 글을 읽기 시작할 때 어땠나요?
◆ 트리샤가 할머니한테 이야기하듯 나에게 이야기한다면 나는 어떤 이야기를 해주고 싶나요?
◆ 트리샤는 왜 자신이 정말 벙어리 같았을까요?
◆ 이사를 가게 된 트리샤는 왜 다시 할머니 할아버지가 계셨던 시골집으로 돌아가고 싶었을까요?
◆ 폴커 선생님은 다른 선생님과 무엇이 달랐나요?
◆ 에릭은 왜 트리샤를 못살게 굴었을까요?
◆ 트리샤는 왜 컴컴한 공간이 안전하다고 느꼈을까요?
◆ 폴커 선생님은 왜 트리샤가 숫자나 글자를 다른 사람하고는 다르게 보고 있다고 했을까요?
◆ 폴커 선생님은 트리샤에게 학교 끝나고 무엇을 하게 했나요?
◆ 서너 달이 지난 뒤, 트리샤에게 어떤 일이 생겼나요?
◆ 트리샤는 왜 행복의 눈물을 흘렸을까요?
◆ 트리샤가 글을 읽을 수 있었던 것은 무엇 때문이었을까요?
◆ 트리샤가 폴커 선생님을 만나지 못했다면 어땠을까요?

[고학년]

📖 나니아 나라이야기 3. 말과 소년

C.S 루이스 글 / 폴린 베인즈 그림 / 햇살과나무꾼 옮김 / 시공주니어

나니아 연대기의 세 번째 이야기는 처음 읽었을 때 나니아 나라의 번외편같이 느껴졌습니다. 하지만 읽고 또 읽으면서 나니아가 어떤 나라인지 나니아가 아닌 곳에서 사는 사람들의 모습 속에서 내가 어떤 모습으로 이 세상을 살아야 하는지를 알 수 있었습니다. 그래서 이 책을 한마디로 정의한다면 '정체성'이라고 표현할 수 있을 것 같습니다.

샤스타와 아라비스가 자신의 정체성을 찾아가는 모험 속에 그 삶을 인도하며 함께하는 아슬란을 통해 아이들이 아슬란을 만나기 전과 후에 무엇이 달라졌는지 생각해 볼 수 있습니다. 그리고 아이들이 자신을 어떻게 생각하는지, 하나님이 지금 우리를 어떻게 인도하고 계시는지 이야기 나눠보면 좋겠다는 생각이 듭니다.

◆ 샤스타와 아라비스는 어디에서 왜 도망치게 되나요?
◆ 나니아 사람들이 중요하게 생각하는 것과 칼로르멘 사람들이 중요하게 생각하는 것은 무엇이 다른가요?
◆ 내가 중요하게 생각하는 것은 무엇인가요?
◆ 샤스타가 코린 왕자가 될 수 있을까요?
◆ 샤스타가 자유롭기 위해 무엇이 더 필요할까요?
◆ 아슬란은 어떤 모습으로 아이들 앞에 나타났었나요?
◆ 아라비스가 라사랄렌을 만나고 무엇을 느꼈을까요?
◆ 은둔자를 만나고 나서 반응은 어땠나요? 나는 어떻게 했을 것 같나요?
◆ 아슬란은 삶의 모든 순간, 모든 자리에 함께 있었다고 했는데 아슬란처럼 하나님이 내 삶을 인도하신다고 느꼈던 적은 언제인가요?
◆ 샤스타와 아라비스가 아슬란을 만났을 때 어떤 이야기를 나누나요? 만약 하나님을 만난다면 하나님은 나에게 어떤 말을 할 것 같나요?
◆ 샤스타와 아라비스 그리고 브레와 휜이 나니아로 오지 않았다면 어떻게 되었을까요?

📖 보물을 찾는 아이들

에디스 네스빗 글 / 고든 브라운 그림 / 햇살과나무꾼 옮김 / 시공주니어

가정에 경제적인 문제가 생겼을 때 아이들은 어떤 생각이 들까요? 여기 배스터블가의 아이들은 문제 앞에 그냥 있지 않고 각자의 방법으로 아버지를 돕습니다.

첫째 딸 도라는 무작정 땅을 파서 땅속에 묻힌 보물을 꺼내자고 합니다. 다섯째 아들 노엘은 자기가 쓴 시를 신문사에 팔아 돈을 벌겠다 합니다. 막내 호오는 나그네를 잡아서 지하 감옥에 가둔 뒤 몸값을 받아 내자고 합니다.

이 과정에서 보물 같은 아저씨를 만납니다. 아이들이 문제를 해결해 가는 과정이 심각하기보다 놀이처럼 느껴집니다. 아이들이 문제상황을 어떻게 인지하는지, 그리고 문제를 어떻게 해결하려고 하는지 이야기할 수 있습니다.

◆ 아이들이 보물을 찾기로 한 이유는 무엇인가요?
◆ 아이들이 말한 보물 찾는 방법 중에 가장 마음에 드는 방법은 어떤 것인가요? 왜 그 방법이 마음에 드나요?
◆ 나라면 보물을 어떤 방법으로 찾았을까요?
◆ 이야기를 하고 있는 사람은 아이들 중 누구일까요?
◆ 부자 아저씨를 만나 해결되는 결말을 다르게 바꾼다면 어떻게 바꾸고 싶나요?
◆ 결말을 바꿔서 이야기를 완성해 보세요.
◆ 문제가 생길 때 제일 먼저 떠올려야 하는 것은 무엇일까요?
◆ 문제해결을 위해 어떤 노력이 필요할지 생각해 보고 이야기 나눠보세요.

부모

[부모]

📖 창가의 토토

구로야나기 테츠코 / 권남희 옮김 / 김영사

토토라고 불리는 테츠코는 학교에서 창밖만 보고 있습니다. 아이는 학교생활이 즐겁지 않았습니다. 학교에서도 퇴학을 당하게 됩니다. 어머니는 이런 토토를 포기하지 않고 새로운 학교를 찾습니다. 바로 도모에 학원입니다. 토토는 새로운 교장 선생님과 만나 학교에 대해 기대하는 마음을 갖습니다. 교실이 건물이 아니
라 기차로 되어있고, 일반 학교처럼 시간표에 맞춰 공부하지 않아도 되는 도모에 학원은 토토에게 즐거운 학교생활을 제공합니다.

앞에서 말한 교장 선생님이 참 기억에 남습니다. 일반 학교에서 퇴학당한 어린 토토를 이상하게 보지 않고 이야기를 끝까지 들어주고, 아이들을 자율적으로 대하는 모습이 인상적이었습니다. 처음 이 책을 읽었을 때, 이런 교장 선생님이 계신 학교라면 너무 좋겠다고 생각했습니다. 교장 선생님이 아이들을 대하는 태도나 방식을 따라가다 보면 아이들에게 어른이 어떤 존재여야 하는지 알게 되는 것 같습니다. 부모 입장에서도 배울 점이 많으니 함께 읽어보면 유익할 것입니다.

◆ 토토는 왜 학교에서 퇴학당하게 되었나요?
◆ 엄마와 함께 간 도모에 학원에서 만난 고바야시 소사쿠 교장 선생님과의 면담은 어땠나요?
◆ 교장 선생님은 왜 4시간이나 토토의 이야기를 들어주었을까요?
◆ 도모에 학원은 일반 학교랑 어떤 점들이 달랐나요?
◆ 왜 도시락 반찬까지 산, 바다, 들에서 난 것으로 지정해 주었을까요?
◆ 이 학교는 왜 자신이 직접 공부할 과목을 정하게 했을까요?
◆ 아이들이 함께 수영할 때 왜 수영복을 입지 않게 했을까요?
◆ 토토는 왜 도모에 학원, 좋은 학교! 들어가 봐도 좋은 학교! 라고 했을까요?
◆ 교장 선생님은 아이들과 강당에서 캠핑도 하고, 직접 자연으로 나가 생물 시간을 진행하기도 합니다. 이러한 경험 교육이 아이에게 어떻게 영향을 줄 수 있다고 생각하나요?
◆ 교장 선생님이 아이들과 한 교육 방식 중에서 가장 마음에 드는 방식은 무엇인가요? 왜 그 방식이 마음에 든다고 생각하나요?

◆ 도모에 학원의 교육 중에 아이에게 적용해 보고 싶은 교육이 있다면 어떤 것이 있나요? 왜 그 교육을 적용하고 싶나요?

◆ 내가 아이를 양육하는 기준은 무엇인가요? 기준이 되는 말씀이 있나요?

◆ 토토가 어른이 되어서까지 기억하는 선생님이 해주신 말은 무엇이었나요?

◆ 아이에게 자주 하는 말은 무엇인가요? 아이가 평생 기억했으면 하는 말은 무엇인가요?

6월

문제가 생겼어요!

6월

> 야고보서 3:17-18
> 오직 위로부터 난 지혜는 첫째 성결하고 다음에 화평하고 관용하고 양순하며 긍휼과 선한 열매가 가득하고 편견과 거짓이 없나니 화평하게 하는 자들은 화평으로 심어 의의 열매를 거두느니라

어른들이 하는 실수 중 하나는 어떤 문제는 아이들이 해결할 수 없고 할 수 없다고 생각하는 것입니다. 하지만 아이들은 아이들 수준에서 나름의 대안을 가지고 있을 때가 많습니다. 다만 아이들에게 대안이 적은 이유는 문제해결의 경험이 적기 때문입니다. 여러 문제를 만나거나 어려움, 갈등을 경험할 때 어떻게 해결할 수 있을지 이야기 나눠봅시다.

[저학년]

📖 로쿠베, 조금만 기다려

하이타니 겐지로 / 초 신타 그림 / 햇살과나무꾼 역 / 양철북

문제해결 능력은 경험에서 나온다고 할 수 있습니다. 그렇다고 모든 상황을 경험할 수 있는 건 아닙니다. 이런 책들을 통해 미리 경험해 보고 생각해 본다면 그만큼 여러 방법을 생각해 볼 수 있는 아이로 자라겠지요.

로쿠베가 구덩이 속에 빠져나오지 못하고 있습니다. 아이들은 로쿠베를 꺼내기 위해 여러 방법을 씁니다. 그리고 어른의 생각과 아이들의 생각이 얼마나 다른지 함께 비교하면서 아이들의 생각을 듣고 존중하는 시간이 되길 바랍니다.

◆ 표지를 보면 이 책의 이야기가 어떤 내용일 것 같나요?
◆ 로쿠베는 무엇을 기다리고 있을까요?
◆ 구덩이 속 로쿠베를 보고 아이들은 어떤 생각을 했을까요?
◆ 엄마에게 왜 비겁하다고 하는 걸까요?
◆ 노래와 비눗방울에 로쿠베는 왜 반응이 없을까요?
◆ 나라면 어떻게 했을까요?
◆ 왜 이제 아무도 믿을 수 없다고 했을까요?
◆ 아이들은 왜 쿠키를 로쿠베에게 내려보냈을까요?
◆ 로쿠베가 구덩이에서 올라올 수 있었던 이유는 무엇이었을까요?

📖 소쉬르, 몽블랑에 오르다

피에르 장지위스 글 그림 / 나선희 옮김 / 책빛

문제상황에서 필요한 것은 무엇일까요? 여러 가지가 필요하겠지만 그 중에서도 중요한 것이 '인내'라고 생각합니다. 인내는 어려움이 생겼을 때 참아내는 인내가 있을 것이고, 간절한 것을 기다리는 인내가 있을 것입니다.

소쉬르는 몽블랑을 오른 사람입니다. 지금처럼 좋은 장비나 잘 닦여진 길이 있지 않았을 때 산을 올랐습니다. 산을 오르는데 어려움이 있었지만 포기하지 않고 결국 몽블랑에 오릅니다. 몽블랑에 오르는 소쉬르와 그 팀들을 따라가면서 오래 참아내는 마음이 어떤 것인지 생각해 보고 이웃들과 함께 참아내고 기다려야 하는 것이 무엇인지 생각해 볼 수 있습니다.

◆ 산에 올라가 본 적이 있나요? 그때 어떤 생각이 들었나요?
◆ 다시 내려가고 싶었던 때가 있었나요?
◆ 정상에 올랐을 때 어떤 느낌이나 생각이 들었나요?
◆ 그들은 왜 수없이 길을 떠났을까요?
◆ 거대한 빙하 앞에서 어떤 마음이었을까요?
◆ 내가 만약 그 사람들 사이에서 걷고 있다면 어떨 것 같나요?
◆ 어떤 생각을 하면서 걸을 것 같나요?
◆ 어디로 가는지 모르면서 어떻게 갔을까요?
◆ 가야 할 길은 아직 많이 남아있다고 한 말은 무슨 뜻일까요?
◆ 꼭대기에 도착하기까지 그리고 다시 내려올 때까지 사람들에게 가장 필요한 것은 무엇이라 생각하나요?

왜?

니콜라이 포포프 글 / 현암사

6월은 호국보훈의 달입니다. 현충일, 6.25 같은 날이 6월에 있습니다. 그래서 아이들이 다니는 학교에서도 이와 관련된 행사들이 있습니다. 지금도 어떤 나라는 전쟁 중이고, 우리나라도 전쟁의 위협에 있는 나라이기도 합니다. 우리 역사에서만이 아니라 성경에도 전쟁이 자주 등장합니다. 전쟁에 대해 생각해 보고 이야기 나눠보는 시간을 가져봅시다.

이 책은 글자 없는 그림책입니다. 글자 없는 그림책을 읽을 때는 그림 한 장면마다 멈추고 머무르는 것이 필요합니다. 그리고 아이들이 오히려 선생님이 된 것처럼 주도적으로 어떤 장면인 것 같은지, 어떤 이야기를 나누고 있는지 말풍선도 만들어 보면서 재미있게 읽어봅시다.

◆ 전쟁하면 어떤 것이 떠오르나요?

◆ 전쟁의 뜻을 사전에서 찾아보세요.

◆ 글자 없는 그림책입니다. 그림을 보면서 이야기를 만들어 보세요.

◆ 우산 쓴 쥐와 꽃을 든 개구리는 서로 마주 보고 무슨 생각을 하고 있을까요?

◆ 왜 갑자기 쥐가 개구리에게 발차기를 했을까요? 그 뒤 어떤 일이 벌어졌나요?

◆ 결국 쥐들과 개구리들은 어떻게 되었나요?

◆ 전쟁은 왜 일어나는 걸까요?

◆ 전쟁이 일어나지 않으려면 어떻게 해야 할까요?

[고학년]

📖 나니아 나라이야기 4. 캐스피언 왕자

C.S 루이스 글 / 폴린 베인즈 그림 / 햇살과나무꾼 옮김 / 시공주니어

이 책은 드디어 나니아의 회복을 볼 수 있습니다. 옛 나니아 국민들과 힘을 합쳐 나니아를 복원하는 텔마르인의 후손 캐스피언도 등장합니다. 그가 진정한 왕이 되어 나니아를 다스릴 수 있을지도 궁금합니다.

이 책은 아이들과 흥미진진하게 나눌 수 있는 이야깃거리가 많이 있습니다. 아이들이 반응하는 포인트는 다를 수 있지만 특히 주의 깊게 읽었으면 하는 부분은 8-11장에 나오는 여정입니다. 임무가 완성되는 과정을 잘 살펴보면서 인물들의 반응과 결정에 대해 아이들과 함께 이야기 나눠보면 좋겠습니다.

◆ 텔마르 사람들은 왜 옛 나니아에 대해 기억을 지워버리려고 노력했을까요?
◆ 캐스피언은 코넬리우스 박사에게 어떤 이야기를 들었나요?
◆ 캐스피언이 모험을 떠날 때 어떤 마음이었을까요?
◆ 숨어 사는 사람들은 왜 전쟁을 할 때라고 생각했을까요?
◆ 왜 캐스피언을 왕으로 확신했을까요?
◆ 숲에서 루시만 왜 아슬란을 봤을까요?
◆ 아이들은 왜 루시 말을 믿어주지 않았을까요?
◆ 눈에 보이지 않는 것을 믿는다는 건 무엇일까요?
◆ 피터는 왜 일행을 잘못 이끌었을까요?
◆ 아슬란은 왜 숨결을 불어 넣어 용기가 생기게 했을까요?
◆ 어려울 때 하나님이 내 곁에 있다고 느낀 적이 있나요?
◆ 공중에 만든 문은 무엇일까요?

📖 안네의 일기

안네 프랑크 지음 / 이건영 옮김 / 문예출판사

전쟁과 관련된 책 중 안네의 일기를 빼고 이야기할 순 없을 것입니다. 안네의 가족은 네덜란드에 살고 있었던 유대인입니다. 제2차 세계대전 당시에 독일인에 의해 유대인들은 박해받기 시작했습니다. 유대인들이라면 누구나 강제로 수용소로 끌려가게 되었고, 안네와 가족들은 암스테르담의 한 건물, 비밀 문 뒤 은신처에서 2년 동안 숨어 지냅니다.

그리고 은신처에서 보내는 동안 안네는 일기를 쓰며 그 시간을 이겨냅니다. 안네의 일기를 통해 전쟁으로 인해 정상적인 삶을 살 수 없었지만, 그 시간을 잘 참고 성장하는 안네의 모습을 볼 수 있습니다.

◆ 은신처의 뜻이 무엇일까요?
◆ 안네 가족이 은신처에 머물게 된 이유는 무엇이었나요?

- 이렇게 은신처에만 머물러야만 한다면 어떨 것 같나요? 무엇이 필요할 것 같나요?
- 안네는 일기장을 키티라고 부르며 친구에게 말하듯 일기를 썼습니다. 이런 일기가 안네에게 어떤 도움이 되었을까요?
- 은신처에서 함께한 사람들은 어떤 사람들이었나요? 그중 가장 기억에 남는 사람은 누구인가요?
- 좁은 공간에서 이렇게 가족뿐만 아니라 이웃들과 함께 지내야 한다면 어떨 것 같나요?
- 판단씨 가족들도 그렇고 다들 불만을 이야기하는데 안네는 어떤 불만이 있었나요?
- 안네는 무엇을 가장 하고 싶었을까요?
- 안네처럼 같은 음식을 계속 먹어야 한다면 어떨 것 같나요?
- 긴장감과 우울감이 지속되는 은신처에 있으면서도 안네는 긍정적으로 지내려고 노력하는데 이런 안네를 보며 어떤 생각이 드나요?
- 안네가 말한 것 중에 기억에 남는 말이 있다면 무엇인가요?
- 만약 나도 안네와 함께 은신처에 숨어 지내야 한다면 어떻게 지냈을 것 같나요? 어떤 점이 가장 힘들었을 것 같나요?
- 내가 가장 인내해야 할 것은 무엇인가요?
- 인내를 위해 필요한 것은 무엇이라고 생각하나요?

부모

[부모]

📖 어머니의 감자 밭

아니타 로벨 글 그림 / 장은수 옮김

동쪽 나라와 서쪽 나라 사이에 큰 전쟁이 일어났습니다. 그런데 두 나라 사이에 한 가족이 살고 있었습니다. 어머니는 높다란 담장을 세우고 두 아들과 함께 전쟁과 상관없이 평화롭게 살아갑니다. 하지만 두 아들  은 커서 큰아들은 동쪽 나라로, 작은아들은 서쪽 나라로 떠납니다.

그리고 전쟁에 참여해서 싸우다가 배고픔에 지친 두 아들은 어머니의 집으로 돌아옵니다. 그곳에서 어머니의 감자 밭을 서로 차지하려고 싸우다가 엉망이 돼 버린 감자 밭 앞에서 눈물을 보입니다. 전쟁 중에 어머니가 아들들에게 어떻게 했는지, 그리고 자녀들이 다툴 때 부모의 마음은 어떨 것 같은지 살펴볼 수 있습니다.

◆ 동쪽과 서쪽 나라가 전쟁 중인데 아주머니는 왜 묵묵히 제 할 일만 했을까요?
◆ 집 둘레에 높다란 담장이 있는 이유는 무엇인가요?
◆ 전쟁이 벌어지고 있을 때 부모라면 어떤 것을 선택하는 것이 옳을까요?
◆ 어머니는 왜 혼자 남게 되었나요?
◆ 아들들이 담장 넘어 세계로 가겠다고 했을 때 내가 어머니라고 한다면 어떻게 할 것 같나요?
◆ 어머니는 왜 문에 빗장을 걸고, 감자밭으로 돌아갔을까요?
◆ 전쟁 중에 배고프다고 찾아온 아들들에게 나는 어떤 반응을 할 수 있을까요? 내가 줄 수 있는 감자는 어떤 것인가요?
◆ 모든 병사가 울게 된 것은 어떤 이유 때문일까요?
◆ 어머니는 왜 죽은 것처럼 행동했을까요?
◆ 병사들에게 어떤 변화가 일어났나요?
◆ 두 아들은 왜 칼과 훈장을 땅에 묻었을까요?
◆ 높다란 담장을 다시 세울 필요가 없게 된 이유는 무엇인가요?
◆ 아이들에게 전쟁을 어떻게 설명할 수 있을까요?
◆ 전쟁 혹은 다툼이 있을 때 아이들을 어떻게 중재할 수 있을까요?

7월

같이 놀아요!

7월

> 하박국 3장 17-18절
> 비록 무화과나무가 무성하지 못하며 포도나무에 열매가 없으며 감람나무에 소출이 없으며 밭에 먹을 것이 없으며 우리에 양이 없으며 외양간에 소가 없을지라도 나는 여호와로 말미암아 즐거워하며 나의 구원의 하나님으로 말미암아 기뻐하리로다

본격적인 여름이 시작되는 7월입니다. 여름 하면 푸른 산도 좋지만, 강과 바다를 빼놓을 수 없을 것입니다. 바다를 배경으로 한 책들을 함께 읽으며, 아이와 함께 바다에서 멋진 추억을 만들어 보면 어떨까요?

[저학년]

📖 검피 아저씨의 뱃놀이

존 버닝햄 그림 글 / 이주령 옮김 / 시공주니어

누가 제게 가장 의미 있는 첫 그림책에 대해 말해 달라고 한다면 저는 바로 『검피 아저씨의 뱃놀이』를 꼽을 수 있을 것 같습니다. 그런데 이 책의 첫인상은 그다지 좋지 않았습니다. 책의 표지 그림에 배 가득 사람들이 함께 있는 모습이 답답해 보였거든요. 그런데 책 표지 전체를 펴보니 시선이 넓어지면서 다음 장을 펼쳐보고 싶다는 호기심이 생기더군요.

큰 집에 혼자 있던 검피 아저씨는 뱃놀이를 시작합니다. 그랬더니 지나가던 동물들과 아이들이 같이 배를 타도 되냐고 물어옵니다. 그럴 때마다 검피 아저씨는 "~한다면 타도 좋다."라고 조건을 달고 배를 태워 줍니다. 검피 아저씨와 동물들과 아이들이 함께하는 뱃놀이. 그 뱃놀이에 여러분도 함께 참여해 볼까요?

- ◆ 검피 아저씨는 어떤 곳에 사나요?
- ◆ 검피 아저씨가 배를 끌고 강으로 가면서 어떤 일이 생겼나요?
- ◆ 검피 아저씨는 왜 매번 "~한다면"이라고 말했을까요?
- ◆ 나라면 동물들과 아이들을 배에 태워줬을까요?
- ◆ 모두들 신나게 배를 타고 가다가 어떤 일이 생겼나요?
- ◆ 내가 검피 아저씨라면 어떻게 했을까요?
- ◆ 아저씨는 왜 다음에 또 배 타러 오라고 했을까요?

📖 파도야 놀자

이수지 글 그림 / 비룡소

이 책은 글자 없는 그림책입니다. 파도가 다가오면 도망가던 아이가 파도를 향해 조금씩 다가갑니다. 어느새 파도와 놀고 있는 아이가 신기합니다.

그림에 특별한 관심을 가지고 살피며 오래 머무르며 이야기도 만들어 보세요. 질문과 함께 아이의 시선이 머무는 곳에서 아이의 이야기를 만들기 좋습니다.

- ◆ '파도' 하면 떠오르는 것이 있나요?
- ◆ 바다에 갔던 적이 있나요? 그때를 떠올려 보면 어떤가요?
- ◆ 파도를 만나기까지 백사장을 걸어갈 때 어떤 생각이 드나요?
- ◆ 아이는 파도 앞에서 어떻게 행동하나요?
- ◆ 파도로부터 도망치던 아이가 왜 파도를 향해 한걸음 갈 수 있었을까요?
- ◆ 파도와 텀벙거리며 노는 아이는 어떤 마음이었을까요?
- ◆ 아이가 파도로 갔을 때 왼쪽 그림 공간은 어떤 모습인가요? 오른쪽과 왼쪽의 그림이 무엇이 다른가요?
- ◆ 아이가 파도를 향해 "메롱" 하고 있다가 어떻게 되었나요?
- ◆ 집으로 돌아가는 아이의 원피스 색은 무슨 색이 되었고, 왜 달라졌을까요?
- ◆ 아이가 집에서 파도랑 놀았던 하루에 대해 어떻게 남겼을까요? 이 책의 아이가 되어 그림일기를 남겨보세요.

📖 이야기 담요

페리다 울프 · 해리엇 메이 사비츠 글 / 엘레나 오드리오솔라 그림
서남희 옮김 / 국민서관

여름이 되면 불쾌지수가 높아져 작은 일로도 쉽게 짜증을 내기 마련입니다. 이럴 때 친절과 나눔, 배려가 있으면 좋겠습니다. 할머니는 자신이 가지고 있던 담요의 실을 이용해 이웃들의 필요를 채워줍니다.

그래서 이야기 담요는 점점 작아지게 됩니다. 하지만 할머니의 담요 위에 아이들은 다시 모입니다. 할머니의 이야기 담요를 통해 내가 가지고 있는 것을 나누는 것이 어떤 의미인지 할머니의 담요 이야기를 따라가 봅시다.

◆ 할머니에게 있던 낡고 널찍한 이야기 담요에서 아이들은 무엇을 하고 있나요?
◆ 할머니는 털실이 없는데 니콜라이에게 어떻게 양말을 짜서 주었나요?
◆ 할머니 이야기를 들으러 온 아이들은 왜 서로 바싹 다가앉아야 했을까요?
◆ 아침에 문을 열던 할머니가 왜 깜짝 놀랐을까요?
◆ 할머니는 왜 담요의 실을 뽑아 사람들의 필요를 채워줬을까요?
◆ 친절하기 위해서 먼저 필요한 것은 무엇일까요? (관심, 관찰, 사랑 등등)

[고학년]

📖 나니아 나라이야기 5. 새벽 출정호의 항해

C.S 루이스 글 / 폴린 베인즈 그림 / 햇살과나무꾼 옮김 / 시공주니어

『새벽 출정호의 항해』에서 주인공을 꼽으라고 한다면 캐스피언이라고 할 수 있겠지만 개인적으로는 유스터스라고 하고 싶습니다. 처음부터 투덜이로 등장하는 유스터스가 결국 용으로 변하고 아슬란을 만난 후 새로운 유스터스가 되는 과정은 캐스피언이 왕으로 성장하는 과정만큼 의미 있고 중요하다고 생각합니다. 그래서 유스터스와 아이들의 모험이 그들에게 어떤 변화를 가져왔는지 이야기해 보면 좋겠습니다.

◆ 유스터스는 어떤 성격의 아이인가요?
◆ 캐스피언의 배는 어떤 임무를 가지고 어디로 향했나요?

◆ 캐스피언은 자신이 나니아 왕 캐스피언임을 어떻게 입증할 수 있었나요?
◆ 나니아와 우리 세계는 무엇이 다른가요?
◆ 노예제도를 캐스피언은 왕으로서 가진 권한과 영향력으로 금지합니다. 내가 왕이 되어 왕과 같은 권한을 가지게 된다면 어떤 제도를 바꾸고 싶나요?
◆ 유스터스는 왜 용으로 바뀌었을까요?
◆ 용이 된 유스터스가 복수를 생각하다가 깨달은 것은 무엇일까요?
◆ 용이 된 유스터스는 어떻게 다시 사람 모습으로 돌아왔나요?
◆ 왜 스스로 돌아올 수 없었을까요?
◆ 목소리들은 캐스피언 일행을 어떻게 하겠다고 협박했나요?
◆ 리피치프가 어둠의 섬에 들어가야 한다고 했는데 들어가는 것이 옳았을까요?
◆ 어둠의 섬을 빠져나가지 못하자 루시는 어떻게 했나요? 그리고 어떤 일이 일어났나요?
◆ 아슬란의 식탁이 있는 섬에 도착했을 때, 세 명의 영주 의견은 "이 섬에서 살자, 나니아로 돌아가자, 계속 항해를 가자."라고 다른 의견을 말했습니다. 나는 어떤 주장에 동의하나요?
◆ 캐스피언은 왜 세계의 끝을 그토록 보고 싶어 했을까요?

📖 버드나무에 부는 바람

케네스 그레이엄 글 / 어니스트 하워드 쉐퍼드 그림 / 진수진 옮김

강가의 모습을 아름답게 표현 한 장면들이 인상적인 책입니다. 하지만 이 책의 재미는 아름다운 강 마을의 배경에 등장하는 동물들에게 있습니다. 자기가 좋아하는 것에만 몰두했다가 또 금세 싫증을 내는 토드. 그런 토드를 진정시키기도 하고 바르게 행동하도록 돕는 역할을 하는 래트와 모울. 그리고 멘토가 되어주는 지혜로운 배저 아저씨. 이들 사이에 벌어지는 사건들 속에서 우리 친구들의 모습도 찾아보고 나라면 어떻게 했을지를 생각할 수 있습니다.

◆ 모울, 래트, 토드의 성격을 나타내는 말들을 찾으며 읽어보세요.
◆ 땅속에만 살던 두더지 모울은 밖으로 나와 강으로 간 이유가 무엇인가요?

◆ 물쥐 래트는 모울과 함께 지내면서 어떤 것을 가르쳐 주었나요?

◆ 오소리 배저 아저씨는 어떤 분인가요?

◆ 내 주위에도 배저 아저씨 같은 분이 있나요?

◆ 토드와 함께 여행을 해야 한다년 어떨 것 같나요? 반대했을까요?

◆ 모울은 고향 집에서 보내는 신호를 감지합니다. 이런 신호를 감지한다면 나는 어떻게 할 것 같나요?

◆ 친구들은 토드를 잘 가르쳐서 현명한 토드로 만들겠다고 합니다. 가능할까요?

◆ 친구의 나쁜 점을 고쳐주는 것이 좋을까요? 아니면 모르는 체하거나 받아주는 것이 좋을까요?

◆ 토드는 차를 훔쳐 자신의 본능이 원하는 대로 순간을 즐기며 앞으로 닥쳐올 일은 신경 쓰지 않고 속력을 내고 있습니다. 이런 토드를 보며 어떤 생각이 드나요?

◆ 마지막까지 토드를 도와준 친구들에 대해 어떻게 생각하나요?

◆ 토드 혹은 친구들에게 해주고 싶은 말이 있다면 무엇인가요?

부모

[부모]

📖 바다가 보고 싶었던 개구리

기 빌루 글 그림 / 이상희 옮김

이 책은 어디선가 들어본 것 같고 뻔한 결말로 흐를 것 같지만 그 안에 다시 한번 생각해 볼 수 있는 중요한 키워드가 있습니다. 바로 '떠남'이라는 주제입니다.

연못 속 개구리는 아주 잘 지내고 있었습니다. 그러던 어느 날 하늘을 나는 잠자리들과 갈매기들이 어디로 날아가는지 궁금해지기 시작했습니다. 그래서 개구리 앨리스는 갈매기들이 바다로 간다는 것을 알고 바다가 보고 싶어졌습니다. 결국 자신에게 가장 익숙한 연못을 떠나 바다로 향하게 됩니다. 우리가 떠나왔고 또 우리 아이들을 떠나보내고, 아이들이 떠나는 과정을 생각하면서 읽어봅시다. 떠남의 축복을 누렸던 성경의 인물들도 생각하며 묵상할 수 있는 의미 있는 책이 되길 기대합니다.

◆ 작은 연못에 있던 앨리스는 갑자기 잠자리들과 갈매기들이 어디론가 가는 것이 왜 좋아 보이고 궁금해졌을까요?

◆ 앨리스는 왜 바다를 보러 가기로 결심했을까요?
◆ 내가 앨리스 엄마, 아빠 개구리라면 앨리스의 이런 결심에 어떻게 반응했을까요?
◆ 노인은 왜 작은 개구리가 수련 잎 배를 타고 갈 만한 데가 아니라는 것을 알면서도 말리지 않았을까요?
◆ 앨리스가 바다에 가는 동안 무엇을 보고 어떤 생각이 들었을까요?
◆ 앨리스가 바다에 도착했을 때 어떤 마음, 어떤 생각이 들었을까요?
◆ 앨리스는 원하던 대로 바다에 왔지만 왜 이젠 집에 가고 싶다고 할까요?
◆ 연못에 돌아온 뒤 백 번째로 달이 떠올랐을 때 앨리스는 왜 다시 사라졌을까요?
◆ 왜 두 번 다시 작은 연못에서 앨리스를 볼 수 없었을까요?
◆ 바다를 경험하고 작은 연못으로 돌아간 시간은 앨리스에게 어떤 시간이었을까요?
◆ 만약 앨리스가 바다를 보러 가지 않았다면 어땠을까요?
◆ 내가 앨리스였다면 다시 바다로 갔을까요? 왜 그렇게 했을까요?
◆ 앨리스가 내 아이라면 다시 바다로 보냈을까요? 왜 그렇게 했을까요?

8월

기다리면 열매가 생겨요!

8월

> 예레미야 29장 11절
> 여호와의 말씀이니라 너희를 향한 나의 생각을 내가 아나니 평안이요 재앙이 아니니라 너희에게 미래와 희망을 주는 것이니라

여러분에게는 간절히 바라는 것이 있나요? 내가 소망하고 바라는 것이 무엇인지, 그 소망과 바람이 나만을 위한 것인지, 타인을 위한 것인지 생각해 봅시다. 또한 그것을 이루기까지 과정을 중요하게 여기는 책들을 소개하고자 합니다. 소망을 이루기까지 과정도 누릴 수 있는 아이로 자랄 수 있다면 참 좋겠습니다.

[저학년]

📖 고래가 보고 싶거든

줄리 폴리아노 글 / 에린 E. 스테드 그림 / 김경연 역 / 문학동네

고래가 보고 싶거든 무엇을 해야 할까요? 그 하나, 하나, 해야 할 일을 이야기 해주고 있습니다. 펠리칸에게도, 장미에게도 눈을 돌리거나 마음을 뺏기면 안 된다고 합니다. 우리의 시선이 어디에 있어야 할까요? 간절히 바라는 것을 향해 필요한 것들이 무엇인지 생각해 봅시다.

◆ 간절히 바라고 기다리는 것이 있나요?
◆ 바라는 것을 이루려면 어떻게 해야 할까요?
◆ 바라는 것을 이루려면 무엇이 필요할까요?
◆ 그림책 장면 중에 아이가 가장 힘들었을 것 같은 장면은 어떤 건가요?
◆ 왜 그 장면이 힘들어 보였나요?
◆ 나라면 어떻게 했을 것 같나요?
◆ 시간이 오래 걸릴 때 나는 어떻게 하나요?

📖 너는 활짝 피어나려고 기다리고 있어

마키라 마이알라 글 / 정보람 역 / 위고

죽은 듯 보이는 작은 화분이 있습니다. 친구 하루와 식물도감을 찾아 봤지만 작은 화분의 정체를 알 수 없었습니다. 좀 더 크면 알 수 있을 거라 생각합니다. 그리고 하루의 시에 등장하는 '건포도'를 떠올리며 화분에 이름을 붙여 줍니다. 그리고 바다에도 데려가고 달빛 앞에 두기도 합니다. 그러던 어느 날 온실에서 발견한 건포도는 노란 꽃을 피웁니다.

화분에 씨앗을 심고 기다려 보는 경험이 있을 것입니다. 언제쯤 흙을 밀고 싹이 올라올지 보고 또 보며 한참을 기다리게 됩니다. 싹이 올라온 후에도 어느 정도 자라는 것인지 알지 못해 한참을 기다리게 됩니다. 자라고 꽃을 피우는 과정은 소망하는 것을 기다리는 과정과 성장을 기다리는 과정을 떠올게 합니다. 아이들의 시간이 어떤 의미인지 함께 이야기 나눠봅시다.

◆ 상자 뒤에 화분은 왜 죽은 듯이 보였을까요?
◆ 싹을 보고는 왜 무엇이 될지 모를까요?
◆ 왜 건포도를 마당에 있는 수레에 태워서 바람을 쐬러 나갔을까요?
◆ 건포도와 마야가 있던 바구니는 왜 사라졌을까요?
◆ 달밤에 건포도를 보면서 왜 아주 어렸을 때가 생각났을까요?
◆ 모든 식물은 크게 자라는 게 좋은 것일까요?
◆ 온실 안에 들어갔을 때 왜 건포도를 보고 깜짝 놀랐을까요?
◆ 마법꽃은 어떤 꽃인가요?

📖 미스 럼피우스

바버러 쿠니 글 그림 / 우미경 옮김 / 시공주니어

어른들이 아이들에게 많이 하는 말 중에 "착하게 행동해라"라는 말이 있습니다. 그런데 "착하다"는 말은 어떤 것을 의미하는 걸까요? 사전적 의미를 찾아보면 "사람의 하는 짓이나 마음가짐이 바르고 어질다."라고 정의합니다.

그렇다면 아이들의 삶에서 착하게 행동하는 것은 어떤 것을 말하는 걸까요? 부모님께 착한 자녀로, 친구에게 착한 친구로, 이웃에게 선한 이웃이 된다는 것이 무엇일까요? '선함'이라고도 표현되는 착함과 관련하여 생각나는 책들을 읽고 주인공들의 생각과 행동을 따라가 봅시다. 그들의 삶과 아이들의 삶을 연결 지어 보고 하나님 자녀의 모습을 구체적으로 나누어 봅시다.

◆ 앨리스는 왜 어른이 되면 아주 먼 곳에 갈 거라고 했을까요?
◆ 할아버지는 왜 앨리스에게 세상을 좀 더 아름답게 만드는 일을 해야 한다고 했을까요?
◆ 멋진 여행을 하고 아름다운 세상을 즐긴 미스 럼피우스는 어떤 생각을 했을까요?
◆ 미스 럼피우스는 왜 집 주위 들판들이며 언덕에 꽃씨를 뿌리고 다녔을까요?
◆ 세상을 아름답게 만든다는 것이 어떤 것일까요?
◆ 내가 지금 할 수 있는 세상을 아름답게 만드는 일에는 무엇이 있을까요? (가정에서, 학교에서 등)

[고학년]

나니아 나라이야기 6. 은의자

C.S 루이스 글 / 폴린 베인즈 그림 / 햇살과나무꾼 옮김 / 시공주니어

『은의자』에는 유스터스와 질, 퍼들글럼이 납치된 릴리언 왕자를 구출하는 사건이 나옵니다. 초록 마녀가 릴리언 왕자를 납치해 지하 세계에 마법의 은의자에 묶어 둡니다. 초록 마녀는 보이지 않는 것은 존재하지 않는다고 합니다. 과연 그럴까요? 등장인물들은 어떻게 생각하고, 또 믿음을 지켜가는지, 어떤 태도로 모험하는지 생각할 거리가 정말 많이 있습니다.

◆ 아슬란이 표시를 기억하기 위해서 어떻게 해야 할까요?

◆ 표시가 상상했던 것과 다르면 어떻게 알아볼 수 있을까요?

◆ 왜 섭정관은 질, 유스터스에게 왕자를 구하러 온 것을 말하지 말라고 했을까요?

◆ 퍼들글럼이 질과 유스터스와 힘께 히는 모험이 좋은 기회라고 생각하는 까닭은 무엇일까요?

◆ 지하나라는 어떤 곳인가요?

◆ 보이지 않는 것은 존재하지 않을까요? 내 생각은 어떤가요?

◆ 아슬란은 질에게 무슨 일이 벌어질 거라고는 말해주지 않고, 왜 질이 해야 할 일에 대해서만 말해줬을까요?

◆ 퍼들글럼이 마녀의 말이 진실이라도 자신은 가짜 세계 편에 서겠다고 한 이유가 무엇일까요?

◆ 캐스피언이 죽었을 때 아슬란이 어떻게 하나요? 왜 그렇게 했을까요? 그것이 의미하는 것은 무엇일까요?

📖 사금파리 한 조각

린다 수 박 글 / 이상희 옮김 / 김세현 그림 / 서울문화사

이 책은 고려시대 상감청자를 구워 내는 장인과 그 일을 심부름하는 아이에 대한 이야기입니다. 상감청자를 전달하러 가던 중에 도적을 만나 상감청자가 조각나 버렸습니다.

하지만 목이는 포기하지 않고 사금파리 한 조각을 들고 목적지로 향합니다. 어떤 마음으로 그렇게 한 것일까요? 목이의 생각과 행동을 따라가며 어려운 상황에서도 포기하지 않고 꿋꿋하게 자신의 꿈을 이루고자 하는 간절함에 대해 생각해 볼 수 있습니다.

◆ 목이는 왜 두루미 아저씨와 살게 되었나요?

◆ 목이는 어떻게 도공 민 영감 밑에서 일을 하게 되었나요?

◆ 민 영감은 왜 바로 목이에게 도자기 만드는 법을 가르쳐 주지 않았을까요?

◆ 목이는 강 영감의 어떤 비밀을 알게 되었나요?

◆ 왕실 감도관이 찾는 것은 무엇이었나요?

◆ 목이의 꿈은 무엇이었나요?

◆ 목이는 왜 자신이 민 영감의 도자기를 송도로 가져가겠다고 했을까요?

◆ 목이가 도자기를 가지고 가는 길에 어떤 일이 생겼나요?

◆ 목이는 왜 돌아가지 않고 사금파리 한 조각을 가지고 송도로 갔을까요?

◆ 민 영감 부인이 왜 목이를 형필이라고 불렀을까요?

◆ 목이는 이후 어떤 사람이 되었나요?

◆ 목이가 사금파리 한 조각을 가지고 감독관을 만나러 간 선택에 대해 어떻게 생각하나요? 나라면 어떻게 했을까요?

부모

[부모]

📖 비움

이보나 흐미엘레프스카 그림 / 곽영권 글 / 고래뱃속

아이들의 방학은 쉼의 시간이고 비움의 시간인데 방학이 되면 더 바쁘게 사는 듯합니다. 부모님도 아이 키우랴, 살림하랴, 회사 다니랴 … 항상 바쁘게 시간을 채우느라 비움의 시간이 있는지 모르겠습니다. 부모님이 먼저 비울 수 있을 때 아이들도 비우고 다시 채우는 과정을 가질 수 있습니다. 이 책은 비움에 대해 생각해 볼 수 있습니다.

◆ '비움'이라는 단어를 들었을 때 어떤 생각이 드나요?
◆ 사람들은 왜 비어 있으면 이것저것 채우려고 할까요?
◆ 나는 비어 있으면 무엇을 채우려고 하나요?
◆ 아이들이 비어 있다고 느껴지면 어떤가요? 불안한가요? 왜 그렇다고 생각하나요?
◆ 가질수록 왜 더 갖고 싶은 것이 많을까요?
◆ 비우면 어떤 변화가 생길까요?
◆ 우리 아이에게 비워주고 싶은 것이 있다면 어떤 것이 있나요?
◆ 아이에게 어떤 것을 채워주고 싶나요?

9월

함께여서 행복해요!

9월

> 요한복음 13:34~35
> 새 계명을 너희에게 주노니 서로 사랑하라 내가 너희를 사랑한 것 같이 너희도 서로 사랑하라 너희가 서로 사랑하면 이로써 모든 사람이 너희가 내 제자인 줄 알리라

코로나 시기를 보내며 자란 아이들은 사회성이 부족하다고 합니다. 가족들과 지내는 시간이 많았고 외부 사람들은 만나기 어려운데다 만나더라도 마스크를 쓰고 사람들을 만났으니까요. 거리 두기가 익숙해지면서 우리 마음에 이웃 사랑하는 마음이 부족해진 것은 아닌가 생각해 봅니다. 이번 달에는 내 주변에서 나와 같이 살고 있는 이웃을 생각할 수 있는 책들을 만나며 그 사랑을 실천하는 기회가 되었으면 합니다.

[저학년]

📖 할머니의 식탁

오게 모라 글 그림 / 김영선 옮김 / 위즈덤하우스

이웃과 어울려 지내는 시간이 부족한 요즘 함께 나누는 것에 대해 생각해 볼 수 있는 책입니다. 할머니의 토마토 스튜 냄새에 사람들이 찾아오며 덕분에 할머니는 특별한 식사를 하게 됩니다. 우리 가족이 누군가를 초대한다면 함께 나눌 수 있는 것들은 무엇이고 이웃과 나누는 사랑에 대해 실천하기 전, 먼저 읽어보면 좋은 그림책입니다.

◆ 우리 이웃에 누가 살고 있는지 알고 있나요?

◆ 할머니는 왜 토마토 스튜를 끓였나요?

◆ 토마토 스튜 냄새를 맡고 온 사람들에게 할머니는 "좀 먹어 볼래요?"라고 했을까요?

◆ 저녁 먹을 시간이 되었을 때 커다란 냄비는 어떻게 되었나요?

◆ 사람들이 다시 할머니를 찾아온 이유는 무엇이었나요?

◆ 이날 오무 할머니는 어떻게 생애 최고의 저녁 식사를 할 수 있었을까요?

◆ 우리 식탁에 초대하고 싶은 사람이 있나요?

◆ 이웃과 함께 나누고 싶은 것이 있나요? (장난감, 책, 음식 등)

◆ 가족이 함께 이웃에게 나누고 싶은 것을 의논해 보고 한번 실천해 본다면 언제, 어떻게, 무엇을 준비할 수 있을까요?

📖 바다 우체부 아저씨

미셸 쿠에바스 글 / 에린 E. 스테드 그림 / 이창식 옮김 / 터치아트

가을을 닮은 마음을 떠올리면 저는 '충성'이라는 성령의 열매가 생각납니다. 충성은 Faithfulness로, 누군가를 위해, 무엇을 위해, 정성과 마음을 다하는 것입니다.

그래서 충성은 짧은 기간 생기기 어렵고 시간이 필요한 마음과 태도입니다. 이런 의미에서 오랜 시간 기다렸다 다시 만나는 가을과 닮은 것 같아요. 정성과 마음을 다하는 시간이 지나면서 두터워지고 속이 꽉 차는 열매처럼 하나님을 향하여 충성의 마음이 깊어지기를 소원합니다.

◆ 바다 우체부 아저씨는 바다에서 어떤 일을 하나요?
◆ 아저씨는 가까운 곳이든 먼 곳이든 왜 갔을까요?
◆ 아저씨가 전하는 편지들은 어떤 편지들이었나요?
◆ 아저씨가 편지 전하는 일을 무척 사랑하지만 왜 가끔 쓸쓸한 기분이 들었을까요?
◆ 바다 우체부 아저씨는 이름도, 주소도 없는 편지의 주인을 왜 찾으러 다녔을까요?
◆ 바다 우체부 아저씨는 왜 바닷가에 가서 미안하다고 하려고 했을까요?
◆ 아저씨는 왜 다시 편지 주인을 찾아 나서겠다고 했을까요?
◆ 내가 마음을 쏟는 일이 잘되지 않거나 하면 나는 어떻게 하나요?

📖 혼자도 좋지만 둘은 더 좋아

스티브 스몰 글 그림 / 안지원 옮김 / 봄의정원

　물을 싫어하는 오리가 있습니다. 그러던 어느 날 문밖에서 비를 맞고 있는 개구리에게 집 안으로 들어와 비를 피하라고 합니다. 다음날 오리는 개구리를 집으로 데려다주겠다고 하고 집을 찾아줍니다. 하지만 비가 온 뒤 개구리의 집은 이전과 달라졌습니다.

　그래서 오리는 다시 개구리를 만나러 가고 집으로 데려와 함께 살게 됩니다. 물을 싫어하던 오리는 물을 좋아하는 개구리와 함께 지내기로 합니다. 이건 어떤 의미일까요? 제목처럼 혼자도 좋지만 둘이 더 좋다고 하는 이유를 생각하면서 함께 이야기 나눠봅시다.

◆ 오리는 무엇을 싫어하고 무엇을 좋아하나요?

◆ 집 앞에서 누구를 만나나요?

◆ 왜 개구리에게 오늘 밤은 여기서 지내라고 했을까요?

◆ 비 맞는 것을 아주 좋아하는 개구리인데 왜 오리의 말대로 했을까요?

◆ 개구리 집을 찾아주기 위해서 어떤 노력을 하나요?

◆ 개구리가 집으로 떠나기 전, 오리는 개구리에게 어떤 선물을 주었나요?

◆ 오리는 똑같은 시간을 보내는데 왜 조금 허전하다고 했을까요?

◆ 오리는 비가 세차게 퍼붓고 비바람이 엄청나게 부는데도 왜 멈추지 않았을까요?

◆ 오리와 개구리는 왜 함께 지내게 되었을까요?

◆ 혼자도 좋지만 둘은 더 좋다는 말이 맞다고 생각하나요? 왜 그렇게 생각하나요?

[고학년]

📖 나니아 나라이야기 7. 마지막 전투

C.S 루이스 글 / 폴린 베인즈 그림 / 햇살과나무꾼 옮김 / 시공주니어

드디어 나니아 나라 이야기의 마지막 편입니다. 이 마지막 편은 '카네기 상'을 받은 작품이기도 합니다. 카네기상은 영국도서관협회(CILP)에서 수여하는 상으로 한해동안 영국에서 출판된 서적 중에서 가장 훌륭한 아동문학작품의 작가에게 수여하는 상입니다. 아동문학계에 노벨상과 같은 상이지요.

나니아의 마지막은 어떤 모습일까요? 마지막 이후의 모습은 어떤 모습일까요? 마지막 안에 숨겨진 새로운 시작을 기대하며 함께 읽고 나눠봅시다.

◆ 시프트는 콜드런 웅덩이에서 건져 올린 사자 가죽으로 무엇을 했나요?

◆ 티리언 왕은 왜 나무에 묶이게 되나요?
◆ 질이 마구간에서 무엇을 보았나요?
◆ 10장에 나오는 마구간은 어떤 곳인가요?
◆ 첫 번째 전투에서 티리언 왕이 난쟁이들에게 함께 싸우자고 했을 때 난쟁이들이 거부한 이유는 무엇인가요?
◆ 마구간에서 티리언 왕의 옷이 변한 이유는 무엇일까요?
◆ 마구간에 들어갔을 때 몸의 변화도 있고 여러 가지 새로운 경험을 합니다. 안에서 보는 마구간과 밖에서 보는 마구간은 무엇이 달랐나요?
◆ 에메스는 일곱 명의 왕과 여왕이 보이는데도 왜 타슈를 찾아 떠났을까요?
◆ 루시가 난쟁이들을 불쌍해하며 아슬란에게 도와달라고 하지만 아슬란은 도와줄 수 없다고 합니다. 그 이유는 무엇일까요?
◆ 난쟁이들의 감옥이 각자 마음속에 있다는 것은 무슨 뜻일까요?
◆ 멸망한 나니아를 보며 어떤 생각이 드나요?
◆ '더 깊은 곳으로, 더 높은 곳으로'를 외치는 룬위트와 아슬란이 이야기하는 곳은 어디이고 어떤 곳일까요?
◆ 그림자 나라는 어떤 곳일까요?

📖 톰 아저씨의 오두막집

해리엇 비처 스토 글 / 백승자 편자 / 지경사

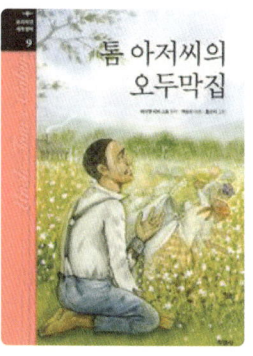

흑인 노예 톰이 있던 주인집이 경제적으로 어려워지게 됩니다. 그러자 톰은 가족들과 헤어져 다른 주인에게 팔려 갑니다.

새로운 주인 중에는 좋은 주인도 있었지만, 톰에게 다른 노예들을 관리하면서 채벌하고 폭력을 가하라는 일을 시키기도 합니다. 하지만 톰은 양심적이고 하나님을 믿었기에 그의 소신대로 행동하다가 결국 죽음을 맞이하게 됩니다.

자신만을 지키려고 하는 이기적인 모습이 아닌 가족을 지키고 농장에 있는 노예들을 지키기 위해 노력하는 톰 아저씨를 보면서 사랑하며 사는 삶이 어떤 것인지 생각해 봅시다.

◆ 톰의 가족들은 왜 도망쳐야 했나요?
◆ 톰이 만난 주인들은 어떤 사람들이었나요?
◆ 톰은 노예들 사이에서 어떤 사람이었나요?
◆ 톰이 목숨을 잃게 된 이유는 무엇이었나요?
◆ 톰이 행한 선한 일들은 무엇이었나요?
◆ 톰은 노예로 지내면서도 어떻게 선하고 성실한 일꾼으로, 또 하나님을 잘 믿는 신앙인으로 있을 수 있었을까요?
◆ 노예제도는 왜 생겼을까요?
◆ 사람을 노예로 사고파는 것에 대해 어떻게 생각하나요?

부모

[부모]

📖 마법의 가면

스테판 세르방 글 / 일리아 그린 그림 / 이경혜 옮김 / 불광출판사

　방학이면 아이들과 더 가까이 지내는 시간이 많이 생길 수 밖에 없습니다. 그러다 보면 아이의 내면과 만나고 때로는 나의 문제와 아이의 마음이 부딪혀 갈등이 생기기도 합니다. 아이들의 감정이나 그 마음의 변화에 얼마나 잘 알고 있나요? 이 책을 통해 감정의 변화에 대해 한번 생각해 보고 아이들의 마음을 읽어주는 시간을 가져보시길 바랍니다.

◆ 가면은 어떤 가면인가요?
◆ 아이가 가면을 쓰면 아이들 앞에서 어떻게 행동하나요? 왜 그렇게 했을까요?
◆ 그때 다른 아이들의 반응은 어떤가요? 아이가 원래 원했던 반응과 같았나요? 달랐나요?
◆ 왜 무시무시한 늑대로 변했을까요?
◆ 늑대 모습으로 집에 갔을 때 아빠 엄마는 왜 우리 아들이 아니라고 했을까요?
◆ 늑대로 나타난 아이를 발견한다면 나는 어떤 반응을 할까요?
◆ 가면은 왜 벗겨지지 않았을까요?
◆ 누나는 어떻게 아이를 알아보았을까요?
◆ 아이는 어떻게 원래의 모습으로 돌아왔나요?
◆ 왜 그 가면은 개와 늑대와 곰과 원숭이를 데리고 가 버렸다고 할까요?
◆ 우리 아이는 어떤 가면의 모습이 있나요?
◆ 그때 나는 어떻게 아이에게 반응하나요?
◆ 우리 아이가 아직 벗지 못하고 있는 가면이 있다면 어떤 가면일까요?
◆ 우리 아이가 주로 쓰는 감정은 무엇이고 그 감정을 어떻게 푸는지 생각해 보고 이야기 나눠보세요. 그때 아빠 엄마가 어떻게 해줬으면 좋겠는지 아이들의 이야기를 들어보세요.

10월

다르게 보면 알 수 있어요!

10월

> 디모데후서 1장 7절
> 하나님이 우리에게 주신 것은 두려워하는 마음이 아니요
> 오직 능력과 사랑과 절제하는 마음이니

가을이 오면 생각이 깊어집니다. 좋은 순간은 늘 짧게 지나는 것 같고, 문제는 장마처럼 지루하게 계속될 것 같지만 곧 지나가기 마련입니다. 그러니 깊어지는 가을에 불안이나 걱정, 두려움이 아니라 하나님께서 주신 사랑으로 열매 맺는 삶이 되기를 기대해 봅시다.

[저학년]

좋은 순간에...

제랄딘 알리뷔 글 그림 / 이재훈 옮김 / 브와포레

뜨겁던 여름이 지나고 이제 서늘한 바람이 아침, 저녁으로 불어오는 가을이 성큼 다가왔습니다. 이런 좋은 때 어울리는 책이 있습니다.

이 책은 아빠와 딸의 대화로 시작합니다. 책 제목처럼 누구나 '좋은 순간'이 있고, 그렇게 느끼는 순간은 저마다 다르기도 합니다. 무엇이 다른지 그림책을 같이 읽으며 살펴보고 우리 아이들과 가족들은 어떤 순간이 좋은 순간인지 대화해 봅시다. 그리고 그 좋은 순간을 계속 만들어 갔으면 합니다.

◆ 나는 언제를 이야기하기 좋은 순간으로 생각하나요?

◆ 나에게 좋은 순간은 언제인가요?

◆ 이야기 속에 나오는 사람들은 왜 그 순간이 좋은 순간이라고 이야기할까요?

◆ 좋은 순간을 기억해 두면 어떤 점이 좋을까요?

◆ 가족들의 좋은 순간을 알고 있나요?

◆ 가족들의 좋은 순간을 기억하기 위해서 어떻게 하면 좋을까요?

📖 안돼 삼총사

나카야마 치나츠 글 / 하세가와 요시후미 그림 / 장지현 옮김 / 웅진주니어

'안돼', '안된다', '안된당께'. 세 명의 아이가 집에서 아빠 엄마에게 혼나고 집을 나옵니다. 그리고 셋은 함께 모여 여행을 떠납니다.

다툼이 일어나는데 이유가 많이 있지만 친구들과 다투는 아이들을 보면 나쁜 성품 때문이라기보다는 자기 뜻을 꺾지 않아서 생기는 경우가 많습니다. 자기 뜻을 꺾고 친구의 이야기를 들어주는 '온유'한 마음을 보인다고 해서 약하거나 지는 것이 아닌데도 말입니다. <안돼 삼총사>를 읽다 보면 친구들과 사이좋게 지내는 것이 무엇인지 해답을 찾을 수 있을 것입니다.

◆ 안된다는 말을 언제 많이 듣나요?
◆ 왜 그런 말을 듣는 것 같나요?
◆ 안돼와 안된다, 안된당께가 어떻게 만나게 되었나요?
◆ 안돼와 안된다, 안된당께가 여행을 하면서 왜 친구들이 점점 늘었을까요?
◆ 싸움은 어떻게 일어나는 걸까요?
◆ 사이좋게 지내려면 어떻게 해야 할까요?

📖 문제가 생겼어요!

이보나 흐미엘레프스카 글 / 이지원 옮김 / 논장

아이가 성장한다는 말은 여러 가지 문제를 만난다는 말과 같습니다. 그럴 때 아이는 어떻게 반응해야 할까요? 엄마가 아끼는 식탁보에 문제가 생깁니다. 다리미 자국이 남은 거죠.

그런데 문제가 생겼을 때 떠올릴 수 있는 생각들을 함께 살펴보면서 나라면 어떻게 할지 이야기해 봅시다. 또한 내가 생각할 때 문제가 무제가 아닐 수 있다는 것노 넘으로 배울 수 있으면 좋겠습니다.

◆ 식탁보에 어떤 문제가 생겼나요?

◆ 어떤 방법들을 생각했나요? 나라면 어떻게 했을까요?

◆ 문제가 생겼을 때 숨거나 도망가면 해결이 될까요?

◆ 엄마가 식탁보를 보고 어떻게 했나요?

◆ 왜 문제가 생긴 식탁보는 우리가 가장 좋아하는 식탁보가 되었나요?

◆ 문제 앞에 어떻게 기도해야 할까요? 성경에 나오는 인물들의 기도를 함께 찾아보고 이야기 나눠봅시다.

[고학년]

📖 인형의 집

루머 고든 글 / 조안나 자미에슨 외 그림 / 햇살과나무꾼 옮김

에밀리와 샬럿 자매는 인형들의 주인입니다. 이들은 나무 인형 토티와 함께 플랜태저넷와 버디, 애플로 가족을 만들고 인형의 집을 만듭니다.

그런데 이 집에 마치페인이 들어오면서 행복했던 인형의 집은 슬픈 일을 겪게 됩니다. 인형들의 이야기지만 인형의 주인 에밀리와 샬럿의 이야기도 등장하고 인형들의 태도를 통해서 사랑이 무엇인지, 두려움이 무엇인지 생각해 볼 수 있습니다.

◆ 인형들에게 어떻게 집이 생겼나요?
◆ 인형의 집 가족들은 어떻게 이루어졌나요? (아빠는 어떤 인형, 무슨 직업 / 엄마는 어떤 인형 등등)
◆ 인형의 집에 마치페인이 오면서 어떤 일들이 생겼나요?
◆ 마치페인이 다른 인형들과 다른 점은 어떤 점인가요?
◆ 샬럿은 왜 인형의 집이 예전으로 돌아갔으면 좋겠다고, 마치페인이 오기 전으로 갔으면 했을까요?
◆ 마치페인은 왜 박물관에 있는 것이 좋았을까요?
◆ 마치페인에게 필요했던 성품은 무엇이었을까요?

📖 왕자와 거지

마크 트웨인 글 / 이희재 번역 / 시공주니어

왕자와 거지는 서로 닮은 이유로 삶을 바꾸는 시도를 합니다. 톰이 왕자의 자리에서 시간을 보내는 동안, 왕자는 톰이 있던 오펄코트에 가서 매를 맞고 팔려 갈 위기에 있습니다. 두 사람이 다시 자리를 되찾을 때까지 있었던 일들을 따라가면서 끝까지 왕자가 살아남을 수 있었던 이유를 생각해 보고 이야기 나눠봅시다.

◆ 같은 날 태어난 톰 캔티와 에드워드 왕자는 무엇이 달랐나요?
◆ 톰과 왕자는 어떻게 바뀌게 되었나요?
◆ 왕자가 자신이 진짜 왕자임을 밝히는데도 왜 믿어주지 않았을까요?

◆ 톰의 엄마는 왕자가 톰이 아닌 것을 알아 챘지만 모른척 합니다. 왜 그랬을까요?

◆ 마일스 헨든은 왜 거지의 모습인 에드워드 왕자를 돌봐주었을까요? 진짜 왕자인 것을 믿고 도왔을까요? 아니면 거지 아이로 보고 불쌍하게 생각한 것일까요?

◆ 왕을 대신해 매 맞는 아이를 보고 톰은 어떤 생각이 들었을까요?

◆ 부랑자들과도 어울리고 일반 백성들의 삶을 다 보게 된 에드워드 왕자의 시간은 훗날 왕이 되었을 때 어떤 영향을 주었을까요?

◆ 왕자가 만난 은자는 왜 왕자를 죽이려고 했을까요?

◆ 왕자는 왜 톰이 자신을 대신해서 왕이 되었을 거로 생각하지 못했을까요?

◆ 톰은 자기 대신 거지가 된 진짜 왕을 왜 찾지 않았나요?

◆ 대관식이 있던 날 진짜 왕자가 왕이 됩니다. 어떻게 왕이 될 수 있었나요?

◆ 왕 노릇을 하며 행복했던 톰과 거지 노릇을 하며 온갖 어려움을 겪은 에드워드 왕자를 비교해 봤을 때 누구에게 더 큰 성장이 있었을까요?

부모

[부모]

📖 작은 아씨들

루이자 메이 올컷 글 / S. 반 아베 그림 / 공경희 옮김

  이 책은 드라마나 영화로 만들어져 대중들에게 많이 알려진 책입니다. 이 책은 자매들의 이야기에 초점이 맞춰져 있지만 달리 보면 딸들에게 보내는 엄마의 편지 같은 책이기도 합니다. 아빠가 안 계시는 동안 아이들을 돌보며 지내는 엄마는 여러 가지 사건들 속에서 아이들이 생각하고 깨닫기를 원합니다.

  아이들에게 기독교 세계관을 가르치는 방법은 무엇이라 생각하나요? 앉혀놓고 공부하듯 가르칠 수는 없을 겁니다. 성경을 읽으면서 그와 동시에 이런 책을 통해 아이들과 이야기 나누며 기독교적 세계관에 대해 알려줄 수 있습니다.

◆ 마치 가(家)의 네 명의 자매는 무엇이 다른가요?
◆ 남편이 군목으로 남북전쟁에 참전하게 되었을 때 엄마의 마음이 어땠을까요?
◆ 아버지 없이 지내야 하는 시간을 엄마는 어떻게 설명하고 있나요?
◆ 메그는 사치스러운 생활이 좋다고 하고, 다른 딸들도 가지지 못한 것에 이야기 나눌 때 마치 부인은 딸들에게 어떤 이야기를 들려주나요?
◆ 에이미와 조가 심하게 다투게 됩니다. 에이미가 조의 원고를 불태워 버려서 다툼이 됩니다. 이때 마치 부인은 어떻게 하나요?
◆ 조는 어머니의 이야기를 듣고 자신의 성격을 고쳐보겠다고 다짐합니다. 어머니의 이야기가 어떻게 조에게 영향을 주었을까요?
◆ 실험의 마지막 날, 어머니가 집을 비우면서 딸들에게 알려주고자 했던 것은 무엇이었을까요?
◆ 어머니가 아버지의 간호를 위해 떠난 뒤 자매들에게 어떤 일이 있었나요?
◆ 크리스마스에 마치 가족들은 함께 모입니다. 함께 나누는 대화에서 어떤 점을 느낄 수 있나요?
◆ 마치 가의 이야기처럼 우리 가족의 이야기를 글로 남겨보세요.

11월

다르게 생각하면 해결할 수 있어요!

11월

> 베드로후서 1장 5-7절
> 그러므로 너희가 더욱 힘써 너희 믿음에 덕을, 덕에 지식을, 지식에 절제를, 절제에 인내를, 인내에 경건을, 경건에 형제 우애를, 형제 우애에 사랑을 더하라

아이들의 행동을 보면 한참 떼를 쓰거나 자기 생각대로만 하려고 하는 모습을 보일 때가 있습니다. 이런 때는 혼내는 것보다 절제(self-control)를 가르치기 좋은 때라고 생각합니다. 어떻게 하는 것이 자신에게 유익하고, 나와 이웃에게 좋은지를 생각하고, 다음에 똑같은 상황이 왔을 때 어떻게 생각하고 행동해야 할지를 배울 수 있어야 합니다. 이번 달에 소개하는 책들은 이런 아이들의 모습을 살펴보고 이해하는데 도움을 얻을 수 있습니다.

[저학년]

📖 하지 않으면 어떨까?

앨리슨 올리버 글 그림 / 서나연 옮김 / 아름다운사람들

아이들에게 독서지도를 하다 보면 우리나라 아이들은 완벽하게 잘해야 한다는 압박에 힘겨워하고 있음을 보게 됩니다. 그래서 틀리지 않아야 한다고 생각하고, 잘해야 한다고 생각하기 때문에 시도조차 하지 않으려고 할 때가 많습니다. 그런데 이런 마음은 어른인 우리가 삶을 조성하고 통제하려고 하기 때문입니다.

이 책의 주인공도 그런 아이로 보입니다. 매일 해야 할 것들이 많습니다. 그러다 문득 '하지 않으면 어떨까?'라는 생각을 합니다. 그리고 자유로운 건 어떤 느낌인지, 제멋대로 굴어 보면 어떨지 생각합니다. 주인공 문이 어떤 답을 찾게 되는지 따라가면서 아이의 마음도 알아보고 긴장을 풀 수 있는 구체적인 방법도 같이 이야기할 수 있는 시간이 되었으면 합니다. 또한 우리가 자유로울 수 있는 이유는 나의 능력이나 외모와 상관없이 내 모습 그대로를 사랑하는 하나님 때문

임을 말해줄 수 있다면 더욱 좋겠습니다.

◆ 문은 어떤 생활을 하고 있었나요?
◆ 문은 어떻게 늑대를 만났나요?
◆ 문은 늑대와 함께 무엇을 하였나요?
◆ 문은 어떻게 학교로 가는 발걸음이 가벼워졌을까요?
◆ 하루 일과를 기록할 때 적고 싶지 않은 것은 어떤 건가요?
◆ 하지 않으면 어떻게 될까요?

📖 빨간 매미

후쿠다 이와오 글 / 한영 옮김 / 책 읽는 곰

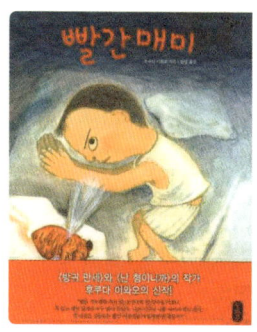

아이는 노트를 사러 문방구에 갔다가 빨간 지우개를 훔칩니다. 이후 아이는 기분도 하루 종일 나쁘고 예민해지고, 재밌었던 일들도 재미가 없어집니다. 결국 엄마에게 다 털어놓고 문방구에 가서 아주머니께 사실대로 말씀드리고 사과합니다.

실제로 내가 한 일은 아니지만 이 아기의 상황에 들어가 '나라면 어떻게 했을까'를 고민할 수 있으면 좋겠습니다. 부모님들도 함께 읽어가면서 주인공의 행동과 생각에 질문을 던져보고, 좋은 답을 유도하기보다는 아이들이 상황 가운데 들어가 충분히 생각할 수 있도록 기회를 주시는 슬로우 리딩(slow reading, 천천히 느리게 읽는 방식) 시간을 가져주시길 바랍니다.

◆ 공책을 사러 문구점에 갔다가 어떤 일이 생겼나요?
◆ 꼭 갖고 싶은 것도 아니었는데 왜 그랬을까요?
◆ 새빨간 지우개를 보고 있는데 왜 갑자기 무서워졌을까요?
◆ 동생과 놀 때, 친구랑 놀 때, 목욕할 때 기분이 어땠나요? 왜 그랬을까요?
◆ 지우개를 돌려주고 싶은데 왜 돌려줄 수가 없다고 했을까요?
◆ 어떤 꿈을 꾸었나요? 왜 빨간 매미가 등장했을까요?
◆ 이치는 왜 자꾸 나쁜 사람이 되어간다고 생각했을까요?
◆ 어떻게 엄마에게 빨간 지우개를 보여주게 되었을까요?
◆ 엄마와 함께 문방구로 가서 어떻게 했나요?
◆ 이치는 처음에 공책 사러 문구점에 갔을 때 어떻게 하는 것이 좋았을까요?
◆ 생각과 행동이 다를 때 어떻게 하면 좋을까요?

📖 …아나톨의 작은 냄비

이자벨 카리에 글 / 권지현 옮김 / 씨드북

사람은 혼자 살 수 없습니다. 그래서 하나님은 사람들이 서로 어울려 지내도록 만들었습니다. 그런데 어울려 지내는 것은 어떤 걸까요? 이 책은 다양한 친구들과 어떻게 어울릴 수 있을지, 혹은 나만의 고유함을 가지고 다른 친구들과 친하게 지내려면 어떻게 할 수 있는지 도움을 주는 책입니다.

아나톨은 작은 냄비를 끌고 다닙니다. 사람늘은 그런 아나톨을 평범하게 보지 않았고, 냄비만 쳐다보았습니다. 그래서 냄비가 없어졌으면 했지만 없애지 못했습니다. 냄비를 불편하게 끌고 다니는 아나톨이 되어 보기도 하고 반대로 친구 중에 아나톨과 같은 친구가 있다면 나는 어떤 친구가 되어줄 수 있을지를 생각할 수 있습니다.

◆ 아나톨은 왜 평범한 아이가 될 수 없었을까요?

◆ 사람들은 왜 냄비만 쳐다보았을까요?

◆ 냄비 때문에 아나톨은 어떤 불편함이 있는 것 같나요?

◆ 냄비가 없어졌으면 좋겠다고 하는데 왜 없애지 못할까요?

◆ 아나톨은 어떤 사람을 만나나요?

◆ 내가 가진 냄비는 어떤 냄비인가요?

◆ 냄비를 가진 친구를 만나면 나는 어떻게 도와줄 수 있을까요?

[고학년]

📖 80일간의 세계 일주

쥘 베른 글 / 레옹 베넷 그림 / 시공주니어

이 책은 비행기가 없던 시절 기차와 배를 통해 영국에서부터 프랑스, 이집트, 예멘, 인도, 싱가포르, 홍콩, 일본, 미국을 거쳐 다시 영국으로 돌아오는 이야기를 하고 있습니다.

세계지도를 펼쳐놓고 책을 읽으며 함께 여행을 떠나봅시다. 여행 중에 나라별 문화에 대한 이야기도 나눠보고 여행하면서 필요한 태도는 어떤 것이 있는지 생각해봅시다.

◆ 필리어스 포그의 생활을 보고 알 수 있는 성격은 어떤가요?
◆ 포그는 클럽 사람들과 어떤 내기를 하나요?
◆ 파스파르투는 어떻게 포그와 함께 여행을 다니게 되었나요?
◆ 픽스 형사는 왜 포그를 따라다녔을까요?
◆ 인도에서 아우다 부인을 구출한 일은 옳은 일이었을까요?
◆ 여행을 할 때 그 나라에서 이해되지 않는 광경을 본다면 어떻게 할 것 같나요?
◆ 아우다 부인은 왜 끝까지 포그와 함께 했을까요?
◆ 파스파르투와 포그일행이 헤어지고 어떤 일이 있었나요?
◆ 여행 중에는 생각지 못한 일들이 생겨납니다. 그럴 때 어떻게 하면 좋을까요?
◆ 포그는 늦게 도착했는데 어떻게 내기에서 이길 수 있었나요?
◆ 이야기 속에 나온 나라 중에 가장 가보고 싶은 곳과 그 이유를 말해 봅시다.

📖 마지막 거인

프랑수아 플라스 글 그림 / 윤정임 옮김 / 디자인하우스

희귀한 물건을 수집하는 한 사람이 어느 날 아주 커다란 이(치아)를 사게 됩니다. 이것이 계기가 되어서 '거인족의 나라'를 찾아 나서고 결국 혼자서 거인들을 만납니다. 그리고 그곳에서 거인들과 지내고 돌아와 아홉 권의 책을 써서 발표하게 됩니다. 이 발표 이후 거인족의 나라에는 생각지 못한 일들이 벌어집니다.

만약 거인의 나라가 알려지지 않았다면 어땠을까요? 아이와 함께 어떤 선택이 옳았다고 생각하는지 이야기 나눠보며, 절제의 미덕이 무엇일지 생각해 봅시다.

◆ 골동품을 사들이던 주인공은 배를 타고 어디를 가게 되나요?
◆ 그곳에 가려고 했던 이유는 무엇이었나요?
◆ 거인의 나라에 도착한 아치볼드 레오폴드 루트모어에게 어떤 일이 있었나요?
◆ 돌아온 뒤, 아치볼드 레오폴드 루트모어는 어떤 일을 했나요?
◆ 다시 거인의 나라로 갔을 때 어떤 일이 있었나요?
◆ "침묵을 지킬 수는 없었니?"라는 목소리는 무슨 뜻일까요?
◆ 거인들의 나라에 찾아온 불행의 원인은 무엇인가요?
◆ 왜 아치볼드 레오폴드 루트모어는 더 이상 글을 쓰지 않고, '거인의 이'에 대해 말하지 않았을까요?
◆ 아치볼드 레오폴드 루트모어가 거인의 나라에서 돌아왔을 때, 어떻게 했으면 거인의 나라를 지킬 수 있었을까요?

부모

[부모]

화씨 451

레이 브래드버리 글 / 박상준 옮김 / 황금가치

이 책은 1953년에 쓰여진 SF 소설입니다만 21세기 현대의 사람들 모습을 그대로 담고 있다고 해도 과언이 아닙니다. 책이 금지된 사회의 모습을 보여주고 있는데 미디어 매체에 빠져 있는 아이들에 대한 고민이 있다면 함께 읽어보고 이야기 나누기 좋은 책이라 생각합니다. 독서와 생각하는 것을 멈추었을 때 사람들이 어떻게 반응하며 살아가는지 보여주고 있습니다.

또한 모두 책을 볼 수 없을 때 책을 지키려 하고 스스로 생각하는 것을 멈추지 않으려 하고, 성경 말씀을 기억하며 각자가 한 권의 책이 되는 장면도 인상적입니다. 불을 끄는 것이 아니라 책을 찾아내 불을 내는 방화사 몬태그를 따라가며 아이들에게 책을 읽게 하고, 말씀을 읽는 삶이 어떤 의미인지 고민해 보고 이야기 나눠보기에 좋을 것입니다.

◆ 방화수는 어떤 일을 하는 사람인가요?
◆ 방화수 몬태그가 만난 클라리세는 어딘가 달랐습니다. 어떤 점이 달랐나요? 왜 달랐을까요?
◆ 몬태그는 책에 대해 다시 생각하게 됩니다. 책은 어떤 것이라고 깨닫게 되나요?
◆ 파버를 찾아간 몬태그가 요청한 것은 무엇인가요?
◆ 무엇 하나 모자란 게 없는 세상인데 왜 행복하지 않다고 할까요?
◆ 비티는 어떤 존재일까요? 몬태그에 대해 어떻게 다 알고 있었을까요?
◆ 비티가 책에 대해 몬태그에게 책에 대해 조목조목 하는 이야기에 대해 어떻게 생각하나요?
◆ 몬태그의 탈출 과정에서 알 수 있는 사실은 무엇인가요?
◆ 몬태그가 탈출 후 만난 사람들은 어떤 사람들인가요?
◆ 다음세대에 대한 그들의 생각에 동의하나요?
◆ 다음세대에게 책과 말씀의 유산을 어떻게 남겨줄 수 있을까요?

12월

크리스마스에 축복이 왔어요!

12월

> 누가복음 2장 11절
> 오늘 다윗의 동네에 너희를 위하여 구주가 나셨으니 곧 그리스도 주시니라

어느새 마지막 달이 되었습니다. 12월에는 예수님이 태어나신 날을 기념하고 있습니다. 하지만 그날의 의미가 1년 중 있는 다른 휴가철과 다름없게 되어가는 게 무척 안타깝습니다. 세상 문화는 그렇게 흘러가더라도 가정에서는 아이들과 진정한 예수 탄생의 의미를 생각하며 다시 오실 주님을 기다리는 시간이 되기를 소망합니다.

[저학년]

📖 크리스마스 이야기

파벨라 돌턴 글 / 이성현 옮김 / 지식나이테

나사렛 마을에 결혼을 약속한 마리아와 요셉이 있습니다. 그런데 천사가 나타나 예수를 낳을 것이라고 알려주고 떠납니다. 얼마 후 아기를 갖게 된 마리아는 인구 조사에 참여하느라 요셉과 함께 고향 베들레헴으로 갔습니다. 그곳에서 아기를 낳았고 예수라는 이름을 지었습니다.

우리 아이들과 예수님의 오심을 기다리며 함께 이야기 나누기에 좋은 책입니다. 너무 익숙한 이야기일지라도 천천히 읽어나가며 성탄절을 기다려 봅시다.

◆ '크리스마스' 하면 떠오르는 것이 있나요?

◆ 마리아에게 나타난 천사가 어떤 이야기를 하나요?

◆ 요셉과 마리아는 왜 베들레헴으로 갔나요?

◆ 아기 예수님이 태어난 소식을 알게 된 사람들은 누구인가요?

◆ 하늘의 군사들과 천사들이 어떻게 찬양했나요?

◆ 별을 보고 예수님을 경배하러 온 사람들은 어떤 사람들인가요?

◆ 그 후로 어떤 일이 있었나요?

◆ 예수님이 태어나신 날을 우리는 왜 기다리는 걸까요?

📖 커다란 크리스마스트리가 있었는데

로버트 베리 글 그림 / 김영진 옮김 / 길벗어린이

크리스마스가 되면 대형 백화점 앞에 멋진 트리가 세워집니다. 여기 윌로비 씨 집에 커다랗고 싱싱한 초록 나무가 특급 배달됩니다. 그런데 너무 커서 나무 꼭대기를 잘라냅니다. 잘려진 나무 꼭대기는 애들레이드 양에게 선물 되고, 애들레이드 양은 한 번 더 나무 꼭대기를 잘라 버립니다. 이후에도 계속 나무 꼭대기는 잘려 곰 가족에게, 여우 가족에게, 토끼 가족에게, 생쥐 가족에게 보냅니다. 결국 모두에게 꼭 맞는 크리스마스트리가 생겼습니다.

크리스마스 트리는 어떤 의미가 있을까요? 트리의 의미도 생각해 보고 트리에 다는 빨간 볼(보혈), 붉은 꽃, 열매(생명, 보혈), 지팡이(목동들의 지팡이), 빵(베들레헴, 광야 시절 만나), 새(광야 시절 메추라기), 별(예수님, 빛, 동방박사에게 보인 별) 모양의 오너먼트가 상징하는 것들도 소개해 주세요. 그리고 이 책에서 말하는 트리의 의미와 함께 진정한 트리의 의미가 무엇인지 생각해 봅시다.

◆ 윌로비씨는 왜 크고 멋진 트리의 꼭대기 부분을 잘랐을까요?
◆ 백스터 집사는 일하고 있던 애들레이드 양에게 왜 선물했을까요?
◆ 정원사 팀 아저씨는 왜 버려진 나무를 보고 집으로 가져갔을까요?
◆ 아빠 곰은 아기 곰이 별을 어디에 달지 물었을 때 왜 아래쪽을 자르자고 했을까요?
◆ 잘린 작은 나무는 또 누구에게 갔나요?
◆ 트리를 받은 사람들은 왜 꼭대기를 잘랐을까요?
◆ 모두에게 꼭 맞는 크리스마스트리가 생겼다는 건 어떤 의미일까요?

📖 위대한 식탁

마이클 J. 로젠 글 / 베카 스태틀랜더 그림 / 김서정 옮김 / 살림

12월이 되면 성탄의 기쁨을 전하고 싶어 다양한 방법으로 선물과 카드를 주고받습니다. 이 책은 '식탁의 교제'가 우리에게 어떤 의미를 주는지 생각하게 합니다.

여러 식탁의 모습을 보면서 집에서 먹는 식탁에서 벗어나 더 넓게, 더 다양하게 준비 되어있는 식탁을 생각해 봅시다. 그리고 그 식탁에 함께 할 사람들을 생각하고, 함께 못하지만 기억해야 할 사람들이 누구인지를 아이와 함께 나눠보며 성탄의 기쁨에 대해 생각해 봅시다.

◆ 행복했던 식사 자리를 생각해 봅시다. 언제, 어디서, 누구와, 어떤 음식들을 함께 먹었나요?
◆ 식탁은 어디에 있나요?
◆ 다채로운 음식들이 모인 식탁은 왜 각기 다른 이파리가 모인 나무 같을까요?
◆ 식탁에 있는 음식들의 재료들은 어디에서 온 것일까요?
◆ 바다와 개울도, 호수도 왜 식탁이라고 할까요?
◆ 위대한 식탁을 대할 때 충분히 먹지 못한 사람을 마음속 옆자리에 앉히려면 어떻게 해야 할까요?
◆ 위대한 식탁에 초대하고 싶은 사람이 있나요? 누구인가요? 왜 그 사람을 초대하고 싶은가요?
◆ 식탁에 함께 하는 사람들과 어떤 이야기를 나누고 싶나요?

[고학년]

크리스마스 캐럴

찰스 디킨스 글 / 퀜틴 블레이크 그림 / 김난령 옮김 / 시공주니어

성탄절에 의미 있는 선물을 받은 한 사람이 있습니다. 바로 스크루지 영감님입니다. 스크루지 영감님은 인색하기로 유명했습니다. 크리스마스 이브 저녁에 식사 초대도 거절하고 돈만 중요하게 여기던 사람이었습니다. 그런 그에게 동업자였던 말리가 유령이 되어 나타납니다. 쇠사슬에 온몸이 꽁꽁 묶여 나타난 말리의 모습은 충격적이었습니다. 말리가 말한 대로 이후 과거의 유령, 현재의 유령, 미래의 유령이 나타나 스크루지를 데려갑니다.

이후 크리스마스 아침 스크루지 영감은 새로운 삶을 얻게 됩니다. 유령들과 무슨 일이 있었던 것일까요? 스크루지 영감의 크리스마스를 함께 만나봅시다.

◆ 스크루지는 평소에 어떤 사람인가요?
◆ 크리스마스 이브에 스크루지를 찾아온 것은 무엇이었나요?
◆ 말리 유령이 스크루지에게 알려주고 싶었던 것은 무엇이었나요?
◆ 과거 유령과 보게 된 것은 무엇인가요?
◆ 현재 유령과 다니면서 알게 된 것은 무엇인가요?
◆ 미래 유령을 통해 본 무덤은 누구의 무덤이었나요?
◆ 스크루지는 크리스마스 아침 어떤 마음이었을까요?
◆ 그 뒤 스크루지는 어떤 삶을 살았을까요?

📖 크리스마스 선물

오 헨리 글 / 소냐 다노프스키 그림 / 김영욱 옮김 / 작가정신

성탄절이 되면 카드와 함께 선물을 주고받습니다. 여기 가난한 부부가 있습니다. 이들은 서로에게 크리스마스 선물을 하고 싶었지만, 돈이 넉넉하지 못했습니다. 결국 아내는 긴 머리카락을 잘라 남편의 시계줄을 샀고, 남편은 아내를 위해 시계를 팔아 머리핀을 삽니다. 둘은 그렇게 서로에 좋은 선물로 크리스마스를 축하합니다.

우리도 이미 선물을 받았습니다. 그 선물은 바로 예수님입니다. 예수님이 태어나신 날. 우리가 기뻐하는 이유가 거기에 있어야 하겠지요? 성탄절에 가장 큰 선물이 무엇인지 선물의 의미를 돌아보고 성탄절의 주인이신 예수님에 대해 우리는 어떤 선물을 드릴 수 있을지 아이와 함께 이야기해 봅시다.

◆ 크리스마스에 받은 선물 중에 가장 기억에 남는 선물이 있나요? 왜 그 선물이 기억에 남나요?
◆ 크리스마스 전날 델라는 왜 동전들을 세 번이나 세어 보았을까요?
◆ 사랑하는 남편을 위해 어떤 결심을 하나요? 왜 그런 결심을 했을까요?
◆ 남편 짐은 아내 델라의 모습을 보고 어떤 생각이 들었을까요?
◆ 크리스마스에 선물을 주고받는 풍속이 만들어진 이유는 무엇인가요?
◆ 동방박사의 선물은 어떤 의미일까요?
◆ 크리스마스의 진정한 선물은 무엇일까요?

부모

📖 바베트의 만찬

이자크 디네센 글 / 노에미 비야무사 그림 / 추미옥 역 / 문학동네

마르티네와 필리파 자매는 바베트라는 사람을 통해 만찬을 열게 됩니다. 그리고 바베트가 준비한 만찬에 함께 하는 사람들이 마음을 열면서 진정한 공동체가 되어가는 이야기를 다루고 있습니다.

연말 모임 혹은 가족 모임을 계획 중이라면 어떤 식탁을 준비하고 있을까요? 그곳에서 함께 나눌 고백과 은혜는 무엇인가요? 복음서를 읽다 보면 예수님이 제자들과 함께 식사하는 장면이 많이 등장합니다. 평상시 우리가 하는 식사가 아니라 연말을 맞아 좀 더 의미 있게 식사 자리를 만들어 보면 어떨까요? 가족과 함께 이야기 나누며 특별한 식탁을 경험해 보는 시간이 되길 소망합니다.

◆ 마르티네와 필리파는 어떤 집안에서 자란 자매인가요? 이런 가정환경이 자매에게 어떤 영향을 끼쳤나요?
◆ 마르티네와 필리파는 왜 연인들과 헤어지게 되었나요?
◆ 파팽의 편지를 가지고 찾아온 프랑스 여인 바베트는 어떻게 베를레보그에서 같이 지내게 되었나요? 같이 지내면서 불편한 점은 무엇이었나요?
◆ 걱정과 달리 자매의 삶은 더 나아졌을까요?
◆ 바베트는 자신에게 찾아온 행운을 어떻게 사용했나요?
◆ 바베트는 왜 자신이 생일 만찬을 준비한다고 했을까요?
◆ 바베트가 공수해 온 음식 재료들을 보고 마르티네는 왜 성도들 앞에서 미안해하고 걱정했을까요?
◆ 만찬 날의 모습을 떠올려 보며 읽어보세요. 분위기, 들리는 찬양, 음식들, 주고받는 이야기들, 오고 가는 눈빛들, 잔과 식기가 부딪히는 소리 등.
◆ 로벤히엘름 장군의 고백은 모인 사람들에게 어떤 영향을 주었을까요?
◆ 사람들은 왜 순결한 새 옷 입은 어린 양처럼 뛰고 장난하며 어린아이가 된 듯한 기분이었을까요?
◆ 바베트는 만찬을 위해 무엇을 희생했나요? 왜 그렇게 했을까요?
◆ 자신은 가난하지 않으며 위대한 예술가라고 한 바베트의 말은 어떤 의미일까요?

가정독서모임 매뉴얼

가정독서모임 매뉴얼

1. 가정 독서 모임 선포하기

 가정 독서 모임은 부모가 일방적으로 진행하기보다 아이들과 충분히 대화하고 시작하는 것이 중요합니다. 부모가 흔히 하는 실수는 독서 모임을 "너희를 위한 거야." 라고 하는 것입니다. 이런 식의 발언은 아이에게 부담이 될 수 있습니다. 그저 "우리 함께 책을 읽는 가족이 되어 보자. 아빠도 엄마도 책을 읽으며 너희들과 이야기 나눠보고 싶어."라고 가볍게, 하지만 진심을 담아 이야기히는 게 좋습니다. 가정 독서 모임이 시작한 날을 기념하며 같이 사진을 찍어 날짜를 기록해 두는 것도 멋진 아이디어가 될 것입니다.

2. 시간과 장소 정하기

 가정 독서 모임은 가족이 모두 모일 수 있는 시간과 장소로 정해야 합니다. 시간도 시작하는 시간과 끝나는 시간을 정하고 같이 지키도록 노력해야 합니다. 보통 40분~60분으로 하는 것을 권합니다. 의욕이 있더라도 매주 모임을 갖는 것보다 한 달에 한

두 번 정도 여유 있게 모이는 것을 권장합니다.

장소는 가장 편한 장소도 좋지만 매월 새로운 장소를 찾아 방문해서 진행하는 것도 좋습니다. 동네 작은 도서관이나 작은 카페도 좋습니다. 날씨가 좋을 때는 야외 공원에서도 좋습니다. 여행이 계획된다면 그 시간 중에 한 시간 정도는 독서 모임 시간으로 사용해도 좋습니다. 집도 좋지만 가끔은 집 밖에서 독서 모임을 하면 색다른 경험을 하게 될 것입니다. 익숙해져서 긴장감이 떨어질 때 환경에 변화를 주는 것은 좋은 방법입니다.

3. 독서 리더 정하기

가정에서 함께하는 독서 모임에 리더는 꼭 부모님이 하지 않아도 됩니다. 먼저 리더의 모습을 보여주는 것도 필요할 수는 있지만 아이들에게도 독서 모임에 책임감을 가질 수 있도록 자리를 마련해 주는 일도 중요합니다.

리더의 역할은 책을 읽고 있는지 중간 알림의 역할을 하고, 독서 모임 진행 등을 맡을 수 있습니다. 어떤 역할을 할지 틀을 정해주기보다는 창의적으로 진행을 할 수 있게 가능성을 열어두는 게 좋습니다.

4. 책 선정

우선 이 책에서 안내 되어있는 책들을 매월 읽어도 되고 아이가 읽고 싶어 하는 책을 먼저 읽어도 됩니다. 너무 많은 책을 선정하기보다 단 한 권이라도 잘 읽고 다 같이 참여할 수 있는 독서 모임이 되는 게 중요합니다.

책 선정을 위한 가족 일정을 만들어도 좋습니다. 매월 마지막 주에는 서점이나 도서관에 모두 함께 방문해서 독서 모임을 준비하는 것도 추천합니다.

5. 책 읽기

책은 자기에게 맞는 책을 읽습니다. 이 책에 월별로 나와 있는 책들을 연령에 맞게 읽고 부모님도 같은 월에 해당하는 책을 읽습니다. 저학년의 경우 부모님이 한 번 더 같이 읽어주면 좋습니다. 그때 안내 되어있는 질문들을 통해 책 내용을 생각하며 읽도록 도와주세요.

6. 독서 모임

독서 모임 당일에는 자기가 읽은 책을 가지고 모입니다. 먼저 돌아가며 자기가 읽은 책을 간단히 소개합니다. 어떤 이야기이며 재미있었던 부분은 어떤 부분인지 이야기합니다. 돌아가면서 이야기할 때 서로 질문을 할 수 있습니다. 이렇게 책을 매개체로 삼아 이야기를 나누는 것이 가정 독서 모임입니다.

또한 이 시간은 정답을 맞히거나 책을 다 읽었는지 확인하는 시간이 아닙니다. 서로 읽은 책을 이야기하고 관심을 기울이며 질문을 나누고 이야기하는 시간을 위해 독서 모임을 하는 것입니다. 그러다 보면 서로의 생각도 알게 되고 이해할 수 있는 마음이 생깁니다. 읽은 책은 하나의 도구입니다. 이 도구를 활용해서 아이들과 대화할 수 있는 좋은 경험이 되길 바랍니다.

7. 다음 모임 정하기

모임이 끝나면 다음 리더를 정하고, 다음 독서 모임을 할 날짜와 장소를 정합니다. 다음 달 읽어야 할 책도 미리 확인합니다.

8. 독후활동

독서 모임 후에는 가족 블로그에 사진 혹은 책과 함께 한 줄 후기라도 기록을 남겨보는 것이 좋습니다. 훗날 아이들이 읽은 책을 되돌아보고 좋은 경험으로 쌓인 것을 볼 수 있습니다. 또한 책과 관련된 장소를 방문해 보세요. 책을 통해 또 다른 경험으로 연결하다 보면 책과 더 친해지는 동기부여를 얻을 수 있습니다.

또한 독서 모임 하면서 결심한 것이 있다면 가족 모두 같이 실천해 봅시다. 서로 격려하고 응원하면서 결심을 잘 실천할 수 있도록 지지자가 되어주면 가족 분위기는 더 좋아질 것입니다.

키워드로 보는 독서

키워드로 보는 독서

키워드	책제목	열두달
#시작과 끝 #시간 #질문과 답	<바람이 멈출 때>	1월
#기분 #표현 #마음	<기분을 말해봐>	
#진짜 #사랑 #피조물 #존재	<헝겊 토끼의 눈물>	
#시간 #경청 #마음 #추억 #시간의꽃 #삶의의미 #시간의가치 #인간관계	<모모>	
#독수리 #동물학자 #한남자 #해 #시선	<날고 싶지 않은 독수리>	
#갈매기 #고양이 #엄마 #다른존재 #양육 #두려움 #날기 #떠나보내기	<갈매기에게 나는 법을 가르쳐준 고양이>	
#두려움 #집안 #집밖 #가족 #검은개 #꼬맹이	<블랙독>	2월
#숲 #두려움 #다른시선 #경험 #돌아오는길	< 숲 속에서>	
#두려움 #학교 #발표 #낱말들 #강물처럼 #아빠	<나는 강물처럼 말해요>	
#존재 #존재의미 #삶의의미 #삶의가치 #과정 #성장	<꽃들에게 희망을>	
#존재 #공장 #섭리 #아들 #엄마	<깡통 소년>	
#애착 #분리 #양육 #아이발달 #부모발달 #학교 #학부모	<메두사 엄마>	

키워드	책제목	열두달
#사랑 #질문 #어떻게 #사랑하기 #사랑받기 #창조섭리	<사랑한다는 걸 어떻게 알까요?>	3월
#새학기 #소개 #다름 #고유함 #나 #특징 #용납 #어울림 #이웃	<다다다 다른 별 학교>	
#친절 #나눔 #양보 #선함 #영향력 #강함 #공동체 #사이좋음	<친절은 우리를 강하게 해요>	
#창조세계 #또다른세계 #나니아 #아슬란	<마법사의 조카>	
#잘못된자존감 #변화 #회복 #자연 #어울림 #함께 #성장	<비밀의 화원>	
#거짓말 #회피 #선택 #결정 #충고 #어린이 #놀이 #공부 #학교 #모험 #변화	<피노키오의 모험>	
#소문 #흩어짐 #분열 #의심 #진짜 #진실 #확인	<감기 걸린 물고기>	4월
#외다리 #문제 #방법 #해결 #타협 #양보 #평화 #안전 #좋은마음	<다리>	
#숲 #자연 #창조세계 #사계절 #작은꽃 #작은동물 #변화 #아름다움	<숲의 시간>	
#아이들 #나니아 #겨울 #아슬란 #죽음 #부활 #생명 #회복	<사자와 마녀와 옷장>	
#이름붙이기 #가족 #사랑 #성장 #우정 #삶 #지혜 #꿈	<빨간 머리 앤>	
#자연 #신앙 #찬송가 #기도 #향수병 #친구 #성장 #변화	<하이디>	

키워드	책제목	열두달
#고함소리 #엄마 #잔소리 #상처 #갈라짐 #흩어짐 #사랑 #봉합	<고함쟁이 엄마>	5월
#가족 #만남 #노력 #선물 #귀중함	<소중한 주주브>	
#선생님 #스승 #기다림 #배움 #동행 #맞춤지도 #읽기	<고맙습니다 선생님>	
#나니아사람 #정체성 #중요한 것 #변화 #성장 #자유 #진리 #구별됨 #차이	<말과 소년>	
#문제상황 #해결 #놀이 #생각 #창의력 #가족 #보물 #방법	<보물을 찾는 아이들>	
#퇴학 #대안학교 #자율성 #학습 #공부 #성장 #변화 #다름 #인정 #용납 #수용	<창가의 토토>	
#문제상황 #해결법 #고민 #행동 #실천	<로쿠베, 조금만 기다려>	6월
#모험 #개척 #인내 #정상 #과정 #도전 #성공 #극복	<소쉬르, 몽블랑에 오르다>	
#전쟁 #다툼 #화평 #욕심 #오해	<왜?>	
#믿음 #전쟁 #회복 #정체성 #리더 #두려움	<캐스피언 왕자>	
#유태인 #나치 #일기 #은신처 #고립	<안네의 일기>	
#전쟁 #엄마 #아들 #배고픔 #화평 #중재	<어머니의 감자 밭>	

키워드	책제목	열두달
#뱃놀이 #조건 #함께 #혼자 #빠져도괜찮아	<검피아저씨의 뱃놀이>	7월
#바다 #파도 #두려움 #기다림 #다가감 #물들기 #어울림	<파도야 놀자>	
#필요 #나눔 #빚짐 #사랑 #채움	<이야기 담요>	
#욕심 #불편 #공동체 #개인주의 #새로운정체성 #돌이킴 #새옷	<새벽 출정호의 항해>	
#자연 #몰입 #친구 #모험 #도둑 #말썽친구 #충고 #우정	<버드나무에 부는 바람>	
#떠남 #바다 #경험 #꿈 #도전 #두려움 #인내	<바다가 보고 싶었던 개구리>	
#간절함 #소명 #소망 #시선 #기다림	<고래가 보고 싶거든>	8월
#화분 #식물 #성장 #달빛 #온실 #바람 #파도	<너는 활짝 피어나려고 기다리고 있어>	
#먼곳 #세상 #아름답게 #꽃씨 #선한영향력	<미스 럼피우스>	
#왕자 #복수 #납치 #지하나라 #구출 #표시 #기억 #되살림 #아슬란	<은의자>	
#성실 #호기심 #장인 #도자기 #상감청자 #책임 #성공	<사금파리 한 조각>	
#비움 #불안 #결핍 #만족 #채워짐	<비움>	

키워드	책제목	열두달
#나눔 #식탁의교제 #실천 #이웃	<할머니의 식탁>	9월
#충성 #책임감 #편지 #배달 #이웃 #어울림	<바다 우체부 아저씨>	
#혼자 #둘 #함께 #더불어살기	<혼자도 좋지만 둘은 더 좋아>	
#거짓 #속임 #기다림 #아슬란 #마구간 #그림자나라 #진짜나니아	<마지막 전투>	
#노예 #주인 #흑인 #가족 #동료 #농장 #선함 #사랑 #신앙	<톰 아저씨의 오두막집>	
#가면 #여러모습 #진짜 #늑대 #감정 #내면 #외면	<마법의 가면>	
#좋은순간 #가족 #아빠 #딸 #기억	<좋은 순간에...>	10월
#안돼 #안된다 #안된당께 #다툼 #싸움 #사이좋게	<안돼 삼총사>	
#문제 #엄마식탁보 #다리미 #문제의변신 #역발상	<문제가 생겼어요!>	
#인형 #집 #안정감 #불안 #두려움 #이기적인 #희생	<인형의 집>	
#왕자 #거지 #영국 #폭력 #법 #경험 #두려움 #사랑 #성장 #교훈	<왕자와 거지>	
#작은아씨들 #딸들 #엄마 #이웃 #사랑 #성장 #변화 #행복	<작은 아씨들>	

키워드	책제목	열두달
#해야할일 #목록 #강박 #완벽주의 #괜찮아 #쉼 #다스림	<하지 않으면 어떨까?>	11월
#지우개 #도둑질 #좋아보임 #가지고싶음 #꿈 #빨간매미 #정직 #절제 #돌이킴	<빨간매미>	
#냄비 #장애 #불편 #누구나 #도움 #다름 #고유함	<…아나톨의 작은 냄비>	
#세계일주 #80일 #내기 #완벽주의 #오해 #추격 #시차	<80일간의 세계일주>	
#거인족 #미지의세계 #비밀 #침묵 #고통 #불행 #절제 #미덕	<마지막 거인>	
#방화수 #책없는사회 #책 #미디어 #통제 #다음세대	<화씨451>	
#성탄절 #예루살렘 #아기예수 #동방박사 #별 #목동 #마구간	<크리스마스 이야기>	12월
#크리스마스 #트리 #꼭대기 #선물 #집집마다 #꼭맞음	<커다란 크리스마스트리가 있었는데>	
#식탁 #식사 #교제 #음식 #나눔 #이웃 #사랑 #초대	<위대한 식탁>	
#스크루지 #인색함 #말리 #유령 #깨달음 #새로워짐 #크리스마스아침	<크리스마스 캐럴>	
#크리스마 #선물 #소중한 것 #희생 #헌신 #마음 #정성 #진심	<크리스마스 선물>	
#자매 #이별 #요리사 #목사 #공동체 #생일기념 #만찬 #기쁨 #희생 #예술감	<바베트의 만찬>	

함께 보면 좋은 책

1월

<소피가 화가나면, 정말 정말 화나면>
몰리 뱅 글 그림 / 박수현 옮김 / 책 읽는 곰

<가만히 들어주었어>
코리 도어펠드 글 그림 / 신혜은 옮김 / 북뱅크

<눈 깜짝할 사이>
호무라 히로시 글 / 사카이 고마코 그림 / 엄혜숙 옮김 / 길벗스쿨

<에드워드 툴레인의 신기한 여행>
케이트 디카밀로 글 / 배그램 이바툴린 그림 / 김경미 옮김

<타임머신>
허버트 조지 웰스 글 / 김석희 옮김 / 열린책들

2월

<겁쟁이 빌리>
앤서니 브라운 글 그림 / 김경미 옮김 /비룡소

<뛰어라 메뚜기>
다시마 세이조 글 / 정근 역 / 보림

<갈매기의 꿈>
리처드 바크 글 / 공경희 옮김 / 현문미디어

<뻐꾸기 엄마>
이형진 글 그림 / 느림보

<프랑켄슈타인>
메리 셸리 글 / 배리 모저 그림 / 황소연 옮김 / 비룡소

3월

<프레드릭>
레오 리오니 글 그림 / 최순희 옮김 / 시공주니어

<치킨마스크>
우쓰기 미호 글 / 장지현 역 / 책읽는곰

<권투 장갑을 낀 기사와 공주>
이형진 글 그림 / 느림보

<공주와 고블린>
조지 맥도널드 글 / 제시 윌콕 스미스 그림 / 최순희옮김 / 시공주니어

<한밤 톰의 정원에서>
필리퍼 피어스 글 / 수잔 아인치 그림 / 김석희 옮김 / 시공주니어

4월

<그 소문 들었어?>
하야시 기린 글 / 쇼노 나오코 그림 / 김소연 옮김 / 천개의 바람

<거짓말>
카트린 그리브 글 / 프레데리크 베르트랑 그림 / 권지현 옮김 / 씨드북

<나무는 좋다>
재니스 메이 우드리 글 / 마르크 시몽 그림 / 시공주니어

<도서관>
사라 스튜어트 글 / 데이비드 스몰 그림 / 지혜연 옮김 / 시공주니어

< 트로이 전쟁 >
패드라익 콜럼 글 / 윌리 포가니 그림 / 정영목 옮김 / 비룡소

<새틴 강가에서>
필리퍼 피어스 글 / 유기훈 그림 / 햇살과나무꾼 옮김 / 시공주니어

5월

<내가 만일 엄마라면>
마거릿 파크 브릿지 글 / 케이디 맥도널드 덴튼 그림 / 베틀북

<부루퉁한 스핑키>
윌리엄 스타이그 글 그림 / 조은수 옮김 / 비룡소

<세라이야기>
프랜시스 호지슨 버넷 글 / 타샤 튜더 그림 / 햇살과나무꾼 옮김

<에이번리의 앤>
루시 모드 몽고메리 글 / 클레어 지퍼트 그림 / 김경미 옮김 / 시공주니어

<레드먼드의 앤>
루시 모드 몽고메리 글 / 마크 그래함 그림 / 공경희 옮김 / 시공주니어

<기찻길의 아이들>
에디스 네스빗 글 / 찰그 에드먼드 브록 그림 / 정미우 옮김

6월

<전쟁>
아나이스 보즐라르 글 그림 / 최윤정 옮김 / 비룡소

<어떻게 해야 할까요?>
모리스 샌닥 글 / 세실 조슬린 그림 / 이상희 역 / 시공주니어

<작은 집 이야기>
버지니아 리 버튼 글 그림 / 홍연미 옮김 / 시공주니어

<천로역정>
존 버니언 글 / 배응준 역 / 규장

<헬렌 켈러 자서전>
헬렌 켈러 글 / 김명신 옮김 / 문예출판사

7월

<검피 아저씨의 드라이브>
존 버닝햄 글 그림 / 이주령 옮김 / 시공주니어

<검피 아저씨의 코뿔소>
존 버닝햄 글 그림 / 이상희 옮김 / 시공주니어

<엄마 마중>
방정환 글 / 겨레아동문학연구회 편저 / 보리

<오디세이아>
호메로스 글 / 임명현 옮김 / 돋을새김

<키다리 아저씨>
진 웹스터 글 / 김지혁 그림 / 김양미 옮김 / 인디고

8월

<비움>
곽영권 글 / 이보나 흐미엘레프스카 그림 / 고래뱃속

<무슨 일이든 다 때가 있다>
레오 딜런, 다이앤 딜런 글 그림 / 강무홍 옮김 / 논장

<선인장 호텔>
브렌다 기버슨 글 / 미간 로이드 그림 / 도서출판 마루벌

<호빗>
J. R. R. 톨킨 글 / 이미애 역 / 씨앗을 뿌리는 사람

<세드릭 이야기>
진 웹스터 글 / 김지혁 그림 / 김양미 옮김 / 인디고

9월

<개구리네 한솥밥>
백석 글 / 유애로 그림 / 보림

<텅빈 냉장고>
가에탕 도레뮈스 글 그림 / 박상은 옮김 / 한솔수북

<사자왕 형제의 모험>
아스트리드 린드그랜 글 / 일론 비클란드 그림 / 창비

<행복한 청소부>
모니카 페트 글 / 안토니 보라틴스키 그림 / 풀빛

<삼총사>
알렉상드르 뒤마 글 / 조정훈 편역 / 구름서재

10월

<나랑 같이 놀자>
마리 홀 에츠 글 그림 / 양은영 옮김 / 시공주니어

<마음도 번역이 되나요>
엘라 프랜시스 샌더스 글 / 루시드폴 역 / 시공사

<새를 사랑한 새장 이야기>
로둘라 파파 글 / 셀리아 쇼프레 그림 / 김혜진 옮김 / 한솔수북

<하늘을 나는 교실>
에리히 캐스트너 글 / 발터 트리어 그림 / 문성원 옮김 / 시공주니어

<북풍의 등에서>
조지 맥도널드 글 / 제시 윌콕 스미시 그림 / 정회성 옮김 /시공주니어

11월

<깔끔쟁이 빅터 아저씨>
박민희 글 그림 / 책속물고기

<슈퍼 토끼>
유설화 글 그림 / 책 읽는 곰

<슈퍼 거북이>
유설화 글 그림 / 책 읽는 곰

<눈이 그치면>
시카이 고마코 글 그림 / 김영주 역 / 북스토리이

<2년간의 휴가>
쥘베른 글 / 레옹 베넷 그림 / 시공주니어

<은하철도의 밤>
미야자와 겐지 글 / 햇살과나무꾼 옮김 / 비룡소

12월

<안녕! 베들레헴>
이경조 글 / 백현주 그림 / Grow up

<크리스마스 선물>
존 버닝햄 글 그림 / 이주령 옮김 / 시공주니어

<안녕, 친구야>
강풀 글 그림 / 웅진주니어

<하늘을 나는 교실>
에리히 캐스트너 글 / 발터 트리어 그림 / 문성원 옮김